中国食用豆
产业与发展

张蕙杰　麻吉亮　岳慧丽　钱静斐　著

中国农业出版社
北　京

前 言
FOREWORD

　　《中国食用豆产业与发展》系统地分析了近 10 年中国食用豆产业发展历程，全面研判了国内外食用豆产业发展态势与政策走向，研究了中国食用豆产业对农业高质量发展和巩固脱贫攻坚成果的支撑作用，总结了食用豆作为特色产业在农业供给侧结构改革、脱贫攻坚及其与乡村振兴有效衔接的经验，提出了促进食用豆产业发展的科技对策以及发展策略。

　　食用豆俗称杂豆，是指除大豆和花生以外、以收获籽粒和嫩荚为主，供人们食用或进行动植物生产的各种豆类作物的总称，是人类栽培的三大类作物（即谷类、食用豆类及薯类）之一，主要有绿豆、小豆、菜豆、蚕豆、豌豆等 20 余个品种，其中蚕豆、豌豆和绿豆合计占食用豆种植面积的 90％和产量的 70％以上，在农业生产和人民生活中占有重要地位。食用豆营养丰富，可粮可菜，药食共用，是人类理想的营养保健食品之一。食用豆也是畜禽重要的植物蛋白来源，与其根系共生的根瘤能固定空气中的氮元素进而培肥土壤，因此被誉为养人、养畜、养地的"三养"作物。同时，食用豆也是我国重要的传统出口商品和加工原料，对促进种植业结构调整、应对气候变化贡献显著，在人们健康水平提升方面具有重要作用。

　　食用豆产业健康发展是实现农业绿色高质量发展的重要组成部分，对于保障农业可持续发展、促进农业多样性具有重要意义。本书共分十一章，分别为：第一章，食用豆产业发展影响力分析；第二章，我国食用豆生产发展分析；第三章，我国食用豆产业政策；第四章，我国食用豆生产优势区域分析；第五章，气候变化对食用豆生产的影响分析；第六章，食用豆生产技术效率研究；第七章，食用豆产业发展的科技对策；第八章，食用豆价格波动及走势分析；第九章，我国食用豆产业的国际竞争力（2010—2020）；第十章，食用豆产业发展的国际经验；第十一章，我国食用豆产业的发展趋势和前景。

　　我们编写此书，力图全面、深入、系统介绍食用豆产业全景，弥补食用豆产业相关数据的不足与缺失，助力中国食用豆产业的高质量发展和乡村振兴战略的实施。衷心感谢国家现代农业产业技术体系食用豆首席科学家程须珍研究员和全体岗站老师的大力支持和帮助！本书由国家现代农业产业技术体系（食用豆）专项资金资助。因时间和水平有限，如有疏漏和不妥之处，敬请读者批评指正。

希望大家共同探讨，推动中国食用豆产业健康发展。

张蕙杰

2021 年 9 月

目 录
C O N T E N T S

第四章　**我国食用豆生产优势区域分析** / 43
Chapter 4

第五章　**气候变化对食用豆生产的影响分析** / 65
Chapter 5

第八章 食用豆价格波动及走势分析 / 129
Chapter 8

第九章 我国食用豆产业的国际竞争力(2010—2020) / 145
Chapter 9

第十章 食用豆产业发展的国际经验 / 163
Chapter 10

第十一章　我国食用豆产业的发展趋势和前景　/ 201
Chapter 11

Chapter 1

第一章

食用豆产业发展影响力分析

食用豆是人类栽培的三大类作物（即谷类、食用豆类及薯类）之一，在农业生产和人民生活中占有重要地位。国外将大豆和花生也划为食用豆类，而我国习惯将大豆和花生划为油料作物，因此我国食用豆是除大豆和花生以外，以收获籽粒和嫩荚为主，供人们食用或进行动植物生产的各种豆类作物的总称，我国目前种植的食用豆主要品种有绿豆、红豆、芸豆、蚕豆、豌豆等 20 余种，其中蚕豆、豌豆和绿豆种植面积和产量合计占食用豆面积和产量的 90% 和 70% 以上。尽管食用豆种植面积仅占全国粮食作物种植面积的 2% 左右，产量仅占全国粮食作物总产量的 0.5% 左右，但是食用豆产业健康有序发展是实现农业绿色高质量发展的重要组成部分。

一、食用豆是促进种植业结构调整、应对气候变化的重要作物，在促进种植业可持续发展上贡献显著

食用豆作物品种繁多，资源丰富，生育期较短，适应范围广，大多具有较高的固氮能力，既能净作，又能与大宗作物间作套种。中国古代对豆类作物的肥田作用就有相当深刻的认识，这种特性带来的好处：第一，食用豆在农业产业结构调整、改善种植结构、发展间套作高效农业和旱作农业等方面一直发挥着重要作用。食用豆作物根系发达，能吸收土壤深层的钙，食用豆和禾本科植物混播，有助于土壤团粒结构的形成；食用豆的根具根瘤，能固定空气中的游离氮素作为本身的营养，在一些干旱贫瘠的土地上，大宗粮食作物难以生长，而食用豆具有适应多种土地条件和干旱环境的能力，产品具有高蛋白质含量、易消化吸收，粮、菜、饲兼用的诸多特点，是种植业结构调整中重要的间、套、轮作和养地作物，是很重要的前茬作物，是我国南方主要的冬季作物、北方主要的早春作物，也是改善城乡居民营养膳食结构的重要食品，一直对我国农业可持续发展和我国居民食物结构调整产生着重要影响。第二，食用豆具有耐寒、耐旱、生育期短、栽培管理简便易行等特点，还是缓解、调节气候灾害对农业生产影响的重要作物，很多不适合大宗粮食作物种植的区域（边角地或者土质较差区域）、发生旱涝灾害后

的区域，农户通过及时补种食用豆，能减少极端天气导致的损失，从而起到"填闲补灾"的作用。

二、食用豆产业是发展乡村特色产业、助力脱贫与乡村振兴有效衔接的重要产业

尽管在我国大部分省、自治区、直辖市（以下简称省、区、市）均有种植，但食用豆主要分布于云南、内蒙古、吉林、黑龙江、四川、贵州、重庆、山西、陕西等地的欠发达地区、少数民族聚居区、边疆地区、贫困地区和革命老区，这些地区的食用豆播种面积占全国食用豆播种面积的 65.35%（国家统计局，2020），种植集中度较高，小农户生产是食用豆产业的最主要生产方式，也是这些地区农牧民的主要经济来源。2015 年以来，中央一号文件连续数年鼓励调整优化农业结构，加强地理标志农产品认证和管理，打造地方知名农产品品牌，增加优质绿色农产品供给。吉林白城绿豆、云南大理蚕豆、岢岚红芸豆、拜泉白芸豆等食用豆品种的生产都是当地扶贫攻坚的重要产业。例如云南省大理州的鲜食蚕豆四季供应产业，每亩①可生产 2.5 吨蚕豆，产值每亩 4 500～6 000 元，是当地农民的主要的经济来源，蚕豆豆荚和籽粒蛋白质含量较高，茎、叶、秆蛋白质含量也可达到 12%，可用来发展大理的奶牛养殖业，为高寒山区农户提供了脱贫致富的新路子。又如青海省蚕豆生产主要集中在湟中、湟源、大通、互助、共和等地，每亩蚕豆收入比小麦高 70 元至 100 元，种植蚕豆成为当地农业的主导产业，也是当地农民收入的重要来源。

经济分析还表明，食用豆种植是农民抗御市场风险的重要手段。例如，在山西岢岚，马铃薯和红芸豆都是农户的重要作物，相关经济计量分析（姚毅、张蕙杰等，2014）表明，红芸豆价格波动对于红芸豆种植面积的影响不显著，但是对马铃薯种植面积影响显著，这说明红芸豆在农户的种植规划中起到了一个稳定收

---

① 亩为非法定计量单位，1 亩≈667 平方米。——编者注

入、平抑马铃薯市场风险的作用，在贫困地区小农经济的经营环境中，红芸豆成为当地农民规避市场风险的工具，通过种植能够带来稳定收入的红芸豆搭配种植具有较大市场风险，但可能带来较大收益的马铃薯，既保证了农户农业收入的稳定性，又可以获得通过承担一定马铃薯价格风险而带来相应的收益，红芸豆已经确定为岢岚摆脱贫困和保障可持续大宗的重要产业。发展食用豆产业，对于确保这些食用豆种植地区的粮食安全、促进民族团结、维护边疆稳定具有十分重要的意义。

食用豆种植对于促进特色农产品出口，充分吸纳、利用农村弱质劳动力具有十分重要的现实意义。食用豆是我国传统的出口产品，主要向日本、韩国、欧盟国家、南美洲市场出口。农产品出口有利于农业增效、农民增收，而且有利于积极参与国际分工，进一步拓展我国农业发展空间，做大做强特色农业和提高企业参与竞争的主动性。同时，食用豆轻简实用高产的栽培技术研发也促进了我国劳动力的吸纳。例如，云南大理普及的蚕豆种植技术主要为倒茬直播免耕技术，这种技术主要用于干旱的地区，是农业生产中轻简实用高产的栽培技术，省工又省力，农村大多数青壮年都外出打工了，老弱病残人员也很容易学会该项技术用来种植蚕豆。在大理田间随处可见背着箩筐的老人，弯着腰用手把豆种按进土壤里的画面。

三、食用豆类在满足人类营养中具有重要作用

食用豆能够满足消费者多元化、健康型、高品质的需求新目标。我国既是食用豆生产大国，也是食用豆消费大国。食用豆在我国的种植历史悠久，品种丰富，目前我国食用豆主要品种有绿豆、芸豆、红小豆、蚕豆、豌豆等 20 余种。食用豆产业在满足消费者需求多样化方面不可或缺。从消费需求看，我国传统饮食讲究"五谷宜为养，失豆则不良"，意思是说五谷是有营养的，但没有豆子就会失去平衡。豆类的营养价值较高，民间自古就有"每天吃豆三钱，何需服药连年"的谚语，豆类中的蛋白质接近于动物性蛋白质，是最好的植物蛋白。很多营养学家都

呼吁，用豆类食品代替一定量的动物性食品，是解决城市人营养不良和营养过剩双重负担的最好方法。豆中氨基酸的组成接近于人体的需要，是中国人膳食中蛋白质的良好来源。豆类含脂肪较少，含糖量以蚕豆、赤豆、绿豆、豌豆含量较高，为50%～60%，因此，豆类供给的热量也相当高。豆类中维生素以B族维生素含量最高，高于谷类中的B族维生素含量。此外，豆中还含有少量的胡萝卜素。豆类富含钙、磷、铁、钾、镁等无机盐，是膳食中难得的高钾、高镁、低钠食品。我国食用豆人均年消费量约为1.7公斤，随着收入的增加和营养意识的增强，消费者饮食多样化，国内食用豆消费具有较大的增长潜力，食用豆产业发展前景巨大。食用豆不仅可以作为人的高纤维和植物蛋白的重要来源，而且是优质的饲料来源。

党的十九届五中全会明确提出，推动绿色发展，促进人与自然和谐共生。绿色高质量发展是人与自然和谐共生的重要组成部分，实现绿色农业高质量发展，既要增加优质、安全、特色农产品供给，促进农产品供给由主要满足"量"的需求向更加注重"质"的需求转变（孙振威和郭少飞，2021），又要建立起农业生产力与资源环境承载力相匹配的生态农业新格局，持续推进绿色低碳循环农业发展（赫修贵，2019），还要实现农业结构的优化和农业收益的提高（孙江超，2019）。食用豆产业既能够满足消费者更加注重农产品"质"的需求，又能推动生态农业新格局的构建，还能够实现农业结构的调整和优化，对于保障农业可持续发展、促进农业多样性具有重要意义。

参考文献

赫修贵，2019. 积极推动我国农业高质量发展的思考 [J]. 北方论丛，(03)：8-14.

孙江超，2019. 我国农业高质量发展导向及政策建议 [J]. 管理学刊，32 (06)：28-35.

孙振威，郭少飞，2021. 扎实推进绿色农业高质量发展 [N]. 学习时报，01-20 (007).

姚毅，张蕙杰等，2014.2014年山西岢岚食用豆调研报告.

·Chapter 2·

第二章

我国食用豆生产发展分析

一、食用豆生产总体概况

我国种植的食用豆主要品种有蚕豆、豌豆、绿豆、芸豆、红豆等 20 余种，目前，食用豆种植面积占全国粮食作物种植面积的 2％左右，占全国粮食作物总产量的 0.5％左右。其中，蚕豆、豌豆和绿豆种植面积和产量合计占食用豆种植面积和产量的 90％和 70％以上。

（一）近 30 年我国食用豆生产的三个阶段性变化

近 30 年，我国食用豆生产呈现三个阶段性变化。

第一阶段，从 20 世纪 90 年代初到 2002 年，我国食用豆种植面积和总产量呈现波动性增长态势，2002 年达到顶峰，种植面积由 1993 年的 292.25 万公顷上升到 2002 年的 382.36 万公顷，增长了 30.83％；总产量由 1993 年的 419.7 万吨上升到 2002 年的 590.7 万吨，增长了 40.74％。这期间，食用豆生产完全受市场调节，市场价格调控着食用豆生产，特别是 20 世纪 90 年代后期至 2002 年，粮食主产区范围内的食用豆生产呈波动性发展。

第二阶段，为 2002—2015 年，14 年间我国食用豆播种面积和总产量呈现波动性下降态势，播种面积逐步下降，至 2012 年为 199.99 万公顷，2015 年为 160.53 万公顷，14 年间减少 221.83 余万公顷；产量从 590.6 万吨逐步下降，至 2012 年为 337.1 万吨，2015 年为 275.8 万吨，14 年产量减少 314.8 万吨。2004—2020 年，我国粮食实现连续"十七连丰"，随着粮食主产区建设的加强，以及国家对水稻、玉米、小麦等大宗粮食产品的支持政策的不断强化，食用豆主产区逐渐和粮食主产区分离，向非粮产区转移，同时加上食用豆具有耐寒、耐旱、生育期短、适应性强、适应范围广等特点，食用豆生产向自然资源和生态条件相对较差且无法满足大宗粮食生产需要的地带转移。

第三阶段，2015—2019 年，食用豆播种面积短暂回升后又有所下降，从 2015 年 160.53 万公顷，增长到 2017 年的 180.65 万公顷，达到本阶段最高，然后到 2020 年又有所下降，但是产量逐年增加。2019 年，食用豆播种面积和总产量分别恢复到 174.3 万公顷、322.9 万吨的水平；2020 年，食用豆播种面积和总产量为 172.63 万公顷、328 万吨。食用豆种植面积占全国粮食作物种植面积的比例从高峰时期的 3.68% 下降到 2015 年的 1.34%，2020 年恢复性地提升到 1.48%；食用豆产量占全国粮食作物总产量从高峰时期的 1.1%，下降到 2015 年的 0.42%，到 2020 年恢复性地提升到 0.49%。据食用豆产业技术体系调查表明，我国粮菜兼用食用豆中，籽粒用食用豆发展平稳，鲜食类食用豆的种植面积和产量，特别是鲜食蚕豆和豌豆播种面积和总产增长迅速，导致近十年我国蚕豆、豌豆的生产发生显著的变化。根据 FAO（联合国粮食及农业组织）数据统计，近 5 年我国豌豆年平均播种面积约 88.2 万公顷，其中鲜食菜豆种植面积 49.2 万公顷，占比为 55.8%。

2001—2020 年我国食用豆单产、种植面积和总产量情况见图 2-1。

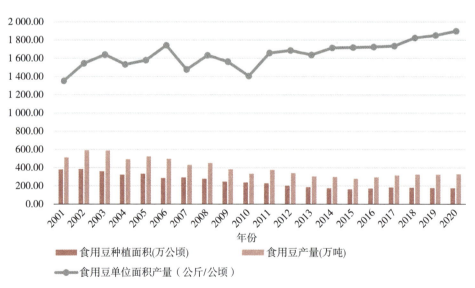

数据来源：国家统计局

图 2-1　2001—2020 年我国食用豆单产、种植面积和总产量情况

我国食用豆的单产水平一直稳步提升。从 2000 年 1 398.9 公斤/公顷，到 2003 年提高到 1 640.4 公斤/公顷，2006 年提高到 1 741.8 公斤/公顷，2015 年前后稳定在 1 725 公斤/公顷的水平，2019 年达到 1 852.65 公斤/公顷的历史最

好水平。

（二）我国食用豆种植与粮食生产的关系

近 30 年来的这种变化态势，反映了食用豆种植与我国粮食生产的某种微妙关系。

20 世纪 90 年代初到 1998 年，我国粮食产量持续增长，食用豆生产则呈现波动性下降态势，1998 年粮食总产量达到顶峰，而食用豆生产量基本到达一个阶段性谷底。

1998—2003 年，随着大宗粮食生产能力的提高，我国的粮食安全保障能力进一步增强，温饱问题逐步缓和，城乡居民生活水平和收入水平不断提高，对食用豆的消费需求有所增加，加之由于粮食连年丰收，粮食价格较低，种粮出现"增产不增收"的局面。因此，不少粮食出产区开始大力调整种植结构，我国粮食生产呈现出持续性下降态势，2003 年跌至谷底。与此同时，食用豆种植面积不断扩大，食用豆生产科技水平大幅提高，促进了食用豆单产能力的提升，食用豆生产则呈现出持续性上升态势，2002 年、2003 年达到顶峰。

2002—2015 年，食用豆生产基本呈现持续下降态势，2015 年食用豆种植面积达最低点的 160.53 万公顷。2003 年以来，国家高度重视粮食生产，采取了一系列强农惠农富农政策，特别是对粮食生产采取四项补贴政策，极大调动了农民种粮积极性，粮食生产自 2004 年以来实现了持续性增长，高产玉米挤压了低产大豆以及其他杂粮杂豆的生产。但同时，粮食库存不断加大，2013 年以来中国农产品市场价格全面高于国际市场，2014 年我国首次出现了高生产量、高进口量和高库存量三量齐增的尴尬局面。

2013 年，习近平总书记提出了"一带一路"倡议，为优化我国农业资源配置、调整农业结构、促进我国粮食产业"走出去"提供了巨大的历史性机遇，同时也为我国加强同"一带一路"沿线国家的食用豆合作贸易提供了有利契机。针对我国粮食连年增产和库存压力加大的问题，2015 年，中央农村工作会议第一次提出农业供给侧结构性改革，开启了我国农业供给侧结构性改革的新征程，2017 年，农业部发布了《关于推进农业供给侧结构性改革的实施意见》，提出实施优势特色农业提质增效行动计划，推动东北冷凉区和北方农牧交错区等地区玉米结构调整，有力地促进东北地区等"镰刀湾"地区杂粮杂豆等特色产业的发展。

2015—2017 年，食用豆种植面积和产量均有所上升，2017—2020 年，食用豆种植面积虽然呈微弱的下降趋势，但是产量却随着单产能力的提升而逐年增加。

这种相关性变化说明，我国粮食生产与食用豆生产存在着比较效益问题，粮食产量下降，一般是由于粮食生产收益下降造成的，粮食生产收益下降意味着食用豆生产收益上升，于是刺激了食用豆产业发展；相反，粮食生产上升阶段，粮食生产收益大于食用豆生产收益，特别是国家对粮食生产实行补贴，使得种粮收益持续上升，食用豆生产比较效益下降，进而导致食用豆产业持续萎缩。

二、食用豆生产的区域分布

目前，中国食用豆种植主要分布在我国东北、华北、西北、西南的干旱半干旱地区以及高寒山区，由于受环境条件和自然灾害影响，种植面积不稳定，总产量年际变化很大。食用豆主要产区包括云南、四川、甘肃、内蒙古、重庆、江苏、黑龙江、山西、贵州、广西、湖南、浙江。这些地区 2019 年的食用豆产量分别为 76.3 万吨、35.2 万吨、25.9 万吨、25.6 万吨、20.9 万吨、19 万吨、16.2 万吨、12.7 万吨、10.9 万吨、9.3 万吨、8.5 万吨、7.2 万吨，12 省、区、市的食用豆产量合计占全国食用豆产量的 83.28%（图 2-2，根据《2020 中国农村统计年鉴》数据整理）。

食用豆具有耐寒、耐旱、耐瘠、生育期短、适应性强、适应范围广等特点，在我国大部分省、区、市均有种植，主要分布于中西部的经济落后地区，且集中度较高。2017—2019 年，食用豆平均产量前十名的地区中，位于中西部的省份有 5 个，即云南、四川、重庆、贵州、湖南，产量合计占全国总产量的比重为 47.22%，其中云南和四川两个西部省份的份额合计占全国总产量的 34.69%，约三分之一。主要的食用豆品种有绿豆、红小豆、蚕豆、豌豆和芸豆等，其中绿豆

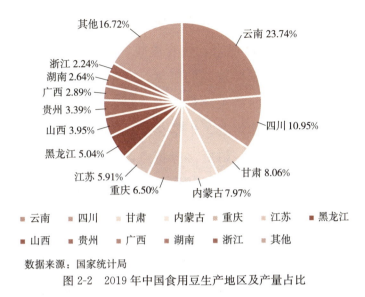

数据来源：国家统计局

图 2-2 2019 年中国食用豆生产地区及产量占比

和红小豆产量分别约占总产量 20％和 9％，合计约占总产量的 30％左右，绿豆产区主要分布于吉林和内蒙古，这两个地区的产量合计约占绿豆总产量的 40％以上。红小豆产区主要分布于黑龙江、吉林、江苏和内蒙古，这四个地区的产量合计约占总产量的 50％左右。不同种类食用豆单位面积产量相差较大，2019 年，红小豆的单位面积产量约为 1 595.48 公斤/公顷，绿豆则约为 1 316.6 公斤/公顷。同一食用豆不同地区单位面积产量也相差较大，2019 年，绿豆单位面积产量最高的山东省约为 2 631 公斤/公顷，而单位面积产量最低的贵州省仅为 938 公斤/公顷。由于我国食用豆主产区大多是经济欠发达地区、少数民族聚居地区、边疆地区、贫困地区、革命老区，食用豆是这些地区的重要作物，也是这些地区农牧民的主要经济来源，因此食用豆的生产模式是与食用豆的生长特性和种植区域的自然和经济条件密切相关的，主要模式有大田一季生长、间作套种与轮作等。

三、食用豆生产的主要品种

1. 绿豆

绿豆，又名植豆、文豆、青小豆。从生态特性看，绿豆属一年生直立草本植物，具有粮食、蔬菜、绿肥和医药等用途，是一种栽培历史悠久而用途广泛的作物。绿豆株高一般20～60厘米，性喜温热，花期在初夏。绿豆在8～12℃时种子开始发芽，生育期间需要较高的温度。全生育期一般70～110天。生育期间需水较多，特别是开花前后需水量最大。绿豆不耐涝，雨季积水3天就会死亡，排水不良会造成倒伏和烂荚。干旱会造成落花、落荚而减产。绿豆具有适播期长、生育期短、耐干旱、耐瘠薄等特点，是短日照作物，耐阴性强，适宜与其他作物，特别是禾本科作物间、套种。我国已有两千多年的绿豆栽培历史，南北朝时期的农书《齐民要术》中，就有绿豆栽培经验的记载，其他古医书中对绿豆的药用价值有较为详细的记载。

绿豆是我国种植的最主要食用豆作物之一，主要产自内蒙古、吉林、河南、黑龙江、山西和陕西，以陕西榆林绿豆、吉林白城绿豆、河北张家口鹦哥绿最为有名。从绿豆生产的实际情况看，2002年以来，绿豆生产在2002—2003年是一个高峰，播种面积超过90万公顷，分别达到97.1万公顷和93.23万公顷；产量接近120万吨，分别达到118.45和119万吨；绿豆单产水平在1 230公斤/公顷左右。2004年绿豆播种面积锐减到不到70万公顷，产量不足71万吨，单产水平也下降到1 130公斤/公顷。2005年绿豆生产有所恢复，播种面积达到70.1万公顷，产量超过100万吨，单产超过1 400公斤/公顷，是绿豆单产最高的一年。经过2002、2003、2005年的良好发展，2006年绿豆生产发展步伐放缓，播种面积仅为70.8万公顷，产量不足71万吨。随后，2007—2008年，绿豆的播种面积逐步增加，产量从71万吨上升到83.17万吨和90.43万吨。由于不利气候条件的影响，绿豆的单产水平处于低位，2009年绿豆单产为1 087.24公斤/公顷，为历史最低水平。2010—2019年，绿豆播种面积整体仍处于下降趋势，产量和单产在2010—2013年呈下降趋势，2014—2019年呈明显上升趋势，2014—2019年，受绿豆价格波动影响，绿豆播种面积有起有伏，由2015年的42.81万公顷增加到2017年50.18万公顷的峰值后，到2019年下降到43.52万公顷，而绿豆的产量由2010年的74.67万吨下降到2014年49.81万吨，到2019年绿豆产量增加到57.3万吨（图2-3，数据源于《中国农村统计年鉴》）。

2. 小豆

小豆，又名赤豆、红豆、赤小豆、红小豆。一年生草本植物，是集粮、药、

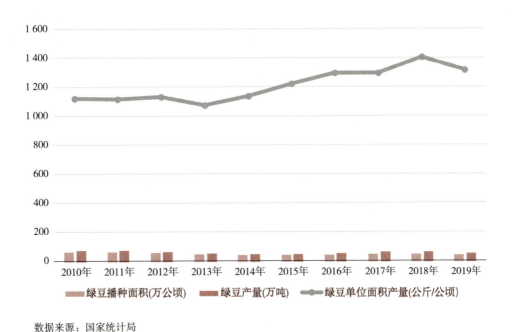

数据来源：国家统计局

图 2-3　2010—2019 年全国绿豆播种面积、产量、单产变化情况

肥于一身的作物。我国种植的小豆类型包括红小豆、白小豆、绿小豆、黄小豆、藜小豆等。小豆中，种植面积较大且在国内外贸易中起较大作用的是红小豆。我国优质红小豆中主要有朱砂红小豆（又名天津红小豆，主要分布在天津、河北、山西、陕西）、唐山红（河北唐山玉田及其附近地区）、宝清红（黑龙江宝清及周边地区）、大红袍（江苏启东）等 10 种，其中朱砂红小豆以其特有的优良品质在日本享有较好的声誉，被东京谷物交易所列为红小豆期货合约标的物唯一替代的交割物。朱砂红小豆年产量约为 6 万吨左右，主要出口到日本、韩国和东南亚各国。

小豆是一种高蛋白、低脂肪、多营养的小杂粮，在世界上种植面积比较小，从小豆生产来看，我国是世界上红小豆种植面积最大、产量最大的国家，年产量较高时达 30 万～40 万吨，但是最近十年产量有所滑坡，2010—2019 年（图 2-4），红小豆年平均产量 24 万吨左右，2010—2015 年，我国小豆常年产量从十年前 30 万～40 万吨下滑到 20 万吨左右的水平。具体来说，2002—2006 年全国小豆年平均产量都在 30 万吨以上，2007 年迅速下滑到 29.47 万吨，除了 2008 年恢复性上升到 31.44 万吨以外，2009—2011 年平均产量在 25 万吨左右，2012—2015 年平均低于 20 万吨，2015 年产量低至历史最低的 17.57 万吨。在此期间，我国小豆播种面积呈现波动下降，2002 年小豆播种面积 27.23 万公顷，至 2010 年下降到 14.51 万公顷，2012 年下降到 11.48 万公顷，达历史最低水平，较 2002 年减少 57.8%。值得欣慰的是，近十年小豆的单产水平相对平稳，2010—2015 年有所下降，年平均单产 1 559 公斤/公顷左右，2015 年低至 1 428.94 公斤/公顷，2016 年开始缓慢上升，2017 年单产水平达 1 628.41 公斤/公顷，为近五年最高水平，近五年单产相对稳定，维持在 1 567 公斤/公顷左右的水平，2019 年单产达到 1 595.48 公斤/公顷，比 2010 年提高了 81.4 公斤。

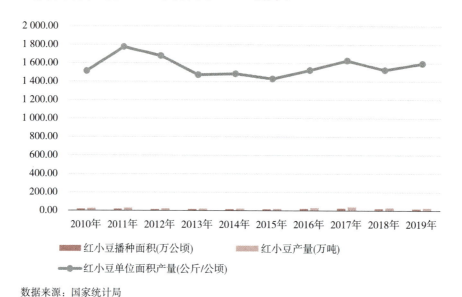

数据来源：国家统计局

图 2-4   2010—2019 年红小豆单位面积产量变化情况

从近十年小豆的产区分布来看，我国小豆主要生产区域集中在东北、华北及黄淮地区，近年来以黑龙江、内蒙古、陕西、山西、吉林、江苏、安徽、河北、云南、河北、贵州等省区种植较多，2010 年、2015 年和 2019 年的小豆播种面积前 5 名的省区比较，黑龙江、吉林、内蒙古、陕西、山西、江苏一直榜上有名；2015—2019 年，黑龙江、内蒙古、陕西、山西小豆播种面积稳居前四位，黑龙江始终位居首位，江苏、吉林、安徽相对稳定，河北退出前五名。值得注意的是 2010—2019 年，小豆产量除北京、山西、湖南等地呈增加趋势，四川、广东整体呈减少趋势，大多数地区呈曲线波动趋势。2015—2019 年，大多数地区产量呈逐渐增加趋势，其中黑龙江小豆产量早期经历了严重下滑后，从 2015 年起有所提升，2017 年达到 19.35 万吨，到 2019 年下降到 9.5 万吨；吉林小豆生产下滑幅度更大，2019 年为 0.9 万吨，与 2015 年 1.46 万吨相比下滑了 38.3%；内蒙古小豆从 2005 年的 4.3 万吨滑坡到 2019 年的 2.2 万吨，下滑幅度接近 50%；江苏、北京、陕西、山西、湖南等地产量呈平缓增加趋势。黑龙江、内蒙古、江苏、陕西、山西、安徽和云南小豆产量占全国总产量的 70% 以上，是我国最重要的小豆主产区。

3. 芸豆

芸豆是普通菜豆和多花菜豆的总称，药食、粮菜兼用。芸豆在我国分布比较广泛，常年种植面积约 70 万公顷，产量 90 万吨左右，产区主要分布在东北、华北、西北和西南地区及生态条件相对较差的高寒冷凉山区，以及无霜期短的干旱半干旱地区，主要有黑龙江、吉林、内蒙古、山西、河北、四川、贵州、陕西、甘肃、新疆、云南等 11 个省区。这些地区多属于我国经济欠发达的老少边穷地区。按照芸豆颜色，大致分为白、黑、红、黄、花五类。芸豆种植对土质要求较低，对肥料需求较少，成为贫困地区农民增收的良好作物。由于市场的带动和种植业结构的调整，我国芸豆种植面积和产量已经超过美国、加拿大等国家，特别是黑龙江、内蒙古、山西、新疆、云南的芸豆生产形成了较大的生产规模。加入世界贸易组织后，以出口为导向的芸豆种植效益较高，调动了农民的种植积极性。

黑龙江和内蒙古是我国芸豆主产区。黑龙江是我国种植和发展芸豆最适宜的区域，也是我国出产芸豆品种、数量最多的省份，2020 年，黑龙江芸豆种植面积约 18.67 万公顷。近年来，黑龙江省主要种植白芸豆、黑芸豆和红芸豆，常年种植面积约 20 万公顷，年产量 35 万～40 万吨，并有逐年上升趋势，年出口芸豆 30 万吨左右，占全国芸豆出口总量的 50% 左右（杨广东、王强等，2018）。黑龙江省芸豆主要种植区在黑龙江西部、西北部及北部区域的齐齐哈尔、嫩江、黑河、大兴安岭等地区（董扬、崔秀辉等，2018）。黑龙江省芸豆生产机械化程度高、形成了高台大垄的高产生产模式，芸豆单产较高，一般每公顷产量 2 000 公斤左右。黑龙江省芸豆不但种植面积大、产量高，而且商品性好、出口数量多，其中，黑龙江垦区是我国最大的芸豆集中生产基地。黑龙江省拜泉县生产的芸豆获得了中国地理标志产品，被称为"中国芸豆之乡"，所产芸豆以质地纯、品种好、无污染在国内外享有盛誉，2000 年被中国绿色食品发展中心授予 A 级绿色食品标志，近年来，全县年均芸豆种植面积 0.67 万公顷左右，产量因天气影响在 1.0 万吨到 1.5 万吨之间波动。

山西省也是芸豆的重要产区。山西芸豆产区主要分布在晋西北的忻州市、朔州市、大同市，出产品种包括红芸豆、小红芸豆、奶花芸豆及少量小黑芸豆。其中，山西红芸豆发展迅猛，目前产地分布在岢岚、五寨、神池、代县、岚县、静乐、娄烦、方山等冷凉山区。2008—2020 年，岢岚县红芸豆连续 12 年年均种植 0.67 万公顷以上，农民人均 0.13 公顷，占到农作物总播种面积的 29%，年均产量约 2 万吨，占全国红芸豆总产量的四分之一，年均出口销量 1.5 万吨，出口量占全国红芸豆总出口量的三分之一，年出口创汇约 800 万美元，是"中华红芸豆之乡"。晋西北其余十多个高寒冷凉区的县同样具备相当规模的生产优势。

云南也是我国芸豆的重要产区之一，常年种植面积约 2 万公顷，产量约 5 万吨，主要特色品种包括大白芸豆、大黑花芸豆等多花菜豆及长形白芸豆、扁形白芸豆、粉红白芸豆等普通菜豆。其中大白芸豆产区分布在昆明、楚雄、大理和丽江；大黑花芸豆产区分布在大理和迪庆；长形白芸豆主要分布在文山和保山；扁形白芸豆主要分布在大理和昭通；粉红芸豆主要分布在文山。云南由于独特的气候条件和地理位置，生产的芸豆品质较好、无污染、营养价值高。

芸豆的其他主产区还有内蒙古、新疆、山东、河北、陕西、四川、甘肃、贵州等。内蒙古芸豆种植主要集中于乌兰察布市、呼伦贝尔市等东部和中部地区；新疆芸豆以奶花品质最好，产区主要分布在北疆的阿尔泰、昌吉、伊犁和塔城；山东省产区主要分布在潍坊、临沂、青岛等地区；河北省芸豆产区主要集中在北部的张家口、坝上地区，出产黄芸豆和小红芸豆；陕西榆林、延安、咸阳、渭南、宝鸡等地区主要出产大黑芸豆、小白芸豆、红芸豆和红花芸豆；甘肃酒泉和张掖地区年产小红芸豆、小白芸豆；四川雅安地区、凉山地区是芸豆的主要产区，主要分布在海拔 1 000 米以上的山区，出产大白芸豆、小白芸豆；贵州出产红花芸豆和红芸豆，主要产区为六盘水、毕节威宁等地。由于芸豆传统种植于一些贫困高寒地区，芸豆生产对于推动这些地区经济发展和农户脱贫致富有着重要意义。

4. 豌豆

豌豆，圆身的又称蜜糖豆或蜜豆，扁身的称为青豆或荷兰豆，还有小寒豆、淮豆、麻豆、青小豆、留豆、金豆、回回豆、麦豌豆、麦豆、毕豆、麻累、国豆等多个别名。豌豆是一年生或二年生攀缘草本植物，为粮食、蔬菜、饲料和绿肥兼用作物，一般认为起源于亚洲西部、地中海地区和埃塞俄比亚、小亚细亚西部。我国栽培豌豆已有两千多年的历史，相传是汉代张骞从西域带回我国，《尔雅》中"戎菽豆"，即豌豆。东汉崔寔辑《四民月令》中有栽培豌豆的记载。

我国豌豆生产在世界上占有举足轻重的地位。根据联合国粮食及农业组织（FAO）统计，豌豆已经成为世界第四大豆类作物，2019 年，全世界干豌豆种植面积 716.69 万公顷，总产量 1 418.42 万吨。我国干豌豆种植面积 97.83 万公顷，总产量约 145.88 万吨，分别占全世界的 13.65% 和 10.29%，是仅次于加拿大、俄罗斯的世界第三大豌豆生产国。豌豆是我国第二大食用豆作物，产区遍布全国各地。值得注意的是，2001—2019 年，我国干豌豆种植面积年际间变动比较频繁，整体呈先降后升的波动变化趋势（图 2-5）。2001 年，我国播种面积 94.2 万公顷，总产量 112 万吨，到 2012 年播种面积下降到 82.5 万公顷，为近 15 年最低水平，总产量为 127.8 万吨。另外，我国干豌豆生产受到加拿大豌豆进口的强烈冲

数据来源：联合国粮食及农业组织数据库

图 2-5　2001—2019 年我国干豌豆种植面积、产量及单产变化情况

击,对我国干豌豆产业的发展很不利。干豌豆的单产整体表现出先下降后上升的情况,2001—2010 年干豌豆单产呈下降趋势,2011—2019 年呈整体上升趋势。根据 FAO 统计,2001 年中国干豌豆单产 1 189 公斤/公顷,低于世界 1 540 公斤/公顷的平均水平,2019 年干豌豆单产达 1 490 公斤/公顷,仍低于世界 1 980 公斤/公顷的平均水平。

我国干豌豆生产主要分布在四川、云南、贵州、重庆、江苏、浙江、湖北、湖南、河南、甘肃、内蒙古、青海等地,鲜豌豆主产区位于全国主要大中城市附近。我国将豌豆划分为春豌豆和秋豌豆 2 个产区,收获类型分为干豌豆和鲜豌豆(表 2-1)。

表 2-1　中国豌豆生产区域分布

北方干豌豆产区	山西、内蒙古、辽宁、山东、西藏、甘肃、青海、宁夏以及河北北部、陕西北部、北京东北部等地区	播种:2 月中下旬至 4 月上中旬 收获:植株中下部叶片发黄、70%～80%豆荚枯黄时收获
南方干豌豆产区	江苏、浙江、安徽、江西、河南、湖北、湖南、广西、重庆、四川、云南等地区	播种:10 月至 11 月秋播 收获:翌年 4 月至 5 月收获
北方鲜豌豆产区	北京、天津、河北、山西、内蒙古、辽宁、吉林、黑龙江、山东、陕西、甘肃等地区	播种:2 月中下旬至 4 月上中旬 收获:6 月末至 7 月初
南方鲜豌豆产区	江苏、浙江、安徽、福建、江西、河南、湖北、湖南、广东、广西、重庆、四川、贵州、云南等地区	播种:10 月中旬左右 收获:12 月至翌年 2 月上旬

数据来源:根据农业农村部发布的《2019 年豌豆生产技术指导意见》整理

我国干豌豆主要分布在土壤肥力低、生产环境差的区域,如甘肃、青海、宁夏等部分北方以干豌豆生产为主的省区,同时与玉米、马铃薯、蚕豆等其他优势作物的竞争,2010 年以来,干豌豆生产规模呈波动变化趋势,2019 年,我国干豌豆种植面积约 97.83 万公顷,较 2018 年下降约 0.2%,山西、河南、湖北、重庆种植面积较 2018 年有所增加,河北、安徽、贵州、云南、甘肃、新疆等地的种植面积较 2018 年有所减少。

干豌豆主产品种中,甘肃半无叶型豌豆新品种陇豌 1 号产量、品质居全国之首,平均亩产 350 公斤,高产者可达 500 公斤,单产及粗蛋白、淀粉、赖氨酸等指标均高于国内其他半无叶型豌豆品种。2007 年以来,由于陇豌 1 号的推广,甘肃省豌豆生产面积急剧增加，近 3 年累计推广 6.67 万公顷，目前种植面积约 13 万公顷，居全国第三，约占全国豌豆播种总面积的 15%，年总产量约 37 万吨，占全国总产量的 35%，单产高于全国平均水平，淀粉出粉率等品质达到国内同类产品领先水平。

　　我国鲜豌豆生产则以城郊农业为主，作为蔬菜品种，经济效益相对较好，发展较快，根据 FAO 数据，2019 年，我国鲜豌豆种植面积 77.14 万公顷，鲜豌豆产量达 611.2 万吨，平均单产达 7 922.7 公斤/公顷。2001—2019 年，我国鲜豌豆种植面积和产量均呈不断上升趋势，单位面积产量呈波动变化趋势，2001—2010 年单产波动起伏较大，2011—2019 年鲜豌豆单产呈现先增后降又有增加的趋势（图 2-6）。

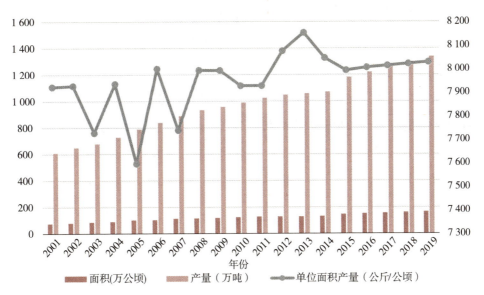

数据来源：联合国粮食及农业组织数据库

图 2-6　2001—2019 年我国鲜豌豆种植面积、产量及单位面积产量变化趋势

5. 蚕豆

　　蚕豆，又称胡豆、佛豆、川豆、倭豆、罗汉豆。一年生或二年生草本植物，为粮食、蔬菜和饲料、绿肥兼用作物。蚕豆一般认为起源于西南亚和北非。中国的蚕豆，相传为西汉张骞自西域引入，已有两千多年的栽培历史，在全国大多数地区都可种植，长江以南地区以秋播冬种为主，长江以北地区以早春播为主。除山东、海南和东北三省极少种植蚕豆外，其余各省、区、市均有种植。

云南省特殊的地理环境和良好的气候条件比较适宜蚕豆植株生长发育，是我国蚕豆种植面积和总产量最大的省份，种植面积约占全国的30%左右，以秋播为主。目前，中国是世界上蚕豆栽培面积最大、产量最多的国家，2016年以来，蚕豆常年播种面积为80万公顷左右，年平均产量为170万吨左右。根据FAO的估算数据显示，2001年我国干蚕豆种植总面积达132.5万公顷，占世界干蚕豆种植面积的47.8%，产量达190多万吨，占世界总产的46.9%，近年来虽然有所下降，但仍维持在全球产量的40%左右。2019年世界干蚕豆种植面积为257.7万公顷，总产量为543.2万吨，中国干蚕豆种植总面积84万公顷，占全球干蚕豆种植面积的32.60%，总产量174.1万吨，占全球干蚕豆产量的32.05%。其中，云南蚕豆播种面积约27万公顷左右，干蚕豆产量达30万吨左右，鲜蚕豆产量达100万吨左右，产量为全国之首。

根据FAO对我国2001—2019年的干蚕豆的估算数据来看，2001—2013年，我国干蚕豆的种植面积整体呈减少趋势，2014—2019年呈缓慢增加趋势；同期，干蚕豆的产量也经历了波动性下降之后，从2014年起呈缓慢上升趋势。干蚕豆的单位面积产量也在波动中呈上升趋势，2001年干蚕豆单产为1 471公斤/公顷，2001—2010年，单产在1 500～2 000公斤/公顷之间波动，2011年起单产水平缓慢提升，2019年达2 073公斤/公顷（图2-7）。

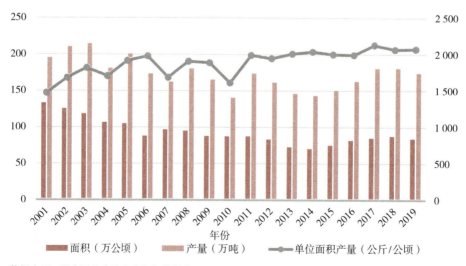

数据来源：联合国粮食及农业组织数据库

图2-7   2001—2019年我国干蚕豆种植面积、产量及单位面积产量变化趋势

蚕豆属冷凉型作物，分春播和秋播两大类。春播蚕豆主要分布在北方，种植面积占全国的 10%，产量占全国的 20%；秋播冬种蚕豆主要分布在中国南方，种植面积占全国的 90%，产量占全国的 80%。

蚕豆生产规模波动较大，科技对蚕豆产业发展起到了很好的支撑作用。西南、华东等主产区蚕豆生产规模处于上升趋势或相对稳定的状况，一些地区成功培育出了很多蚕豆新品种，如江苏 2011 年育成的通蚕鲜 7 号、03021 等大粒优质鲜食品种，干籽百粒重提高到 190 克以上、鲜籽百粒重 420 克以上，鲜荚单产超过 16 500 公斤/公顷，不断满足了蚕豆由粮饲用型向鲜食用型消费转变发展的需求，口感品质、商品品质得到改善，加速了江苏省鲜食蚕豆产业化开发进程，也使得华东等主产区蚕豆生产规模处于上升趋势。2019 年，大理州农业科学院粮食作物研究所针对云南省蚕豆生产的实际情况和国内市场需求，育成了优质、多抗、广适、高产的蚕豆新品种——凤蚕豆 22 号（陈国琛、尹雪芬等，2020）。四川省农业科学院作物研究所近年来通过常规杂交技术经多代系选而成的中早熟蚕豆——成胡 23，具有生长势旺、抗旱能力强、苗期耐冷、花荚期耐旱、分枝力强、不裂荚、熟相好、中抗赤斑病等特性，干籽粒百粒重 111.2 克，蛋白质含量（干基）27.7%，淀粉含量（干基）35.5%，适应种植区域为四川、云南、贵州、江苏、湖北及重庆等 6 个省市（鲜东锋、杨梅等，2021）。云南省玉溪市农业科学院选育的干籽和鲜食两用型蚕豆品种——玉豆 3 号具有早熟、综合经济性状优、商品性好、优质高产、遗传一致性稳定等特点；临夏回族自治州农业科学院选育出粮菜兼用型春蚕豆新品种——临蚕 13 号、临蚕 14 号为中小籽粒，结荚多，抗病，鲜籽粒百粒重192～211 克，干籽粒百粒重 160～165 克，鲜荚平均单产 22 200 公斤/公顷，商品性好，适宜做炒货，丰产性强、稳产性好、适应性广，在高寒阴湿、半干旱生态区种植长势良好，适宜在甘肃省高寒阴湿区、半干旱生态区以及春蚕豆产区春季种植（邵扬，李强等，2019）。

参考文献

陈国琛，尹雪芬，段银妹，李江，马玉云，杨雪春，李灿玫，沈飞飞，2020. 优质高蛋白高产蚕豆新品种凤蚕豆 22 号选育及栽培技术［J］. 云南农业科技，(05)：54-56.

董扬，崔秀辉，王成，闫锋，曾玲玲，卢环，李清泉，武琳琳，2018. 芸豆新品种（系）在黑龙江西

部地区的引种试验 [J]. 湖南农业科学，(01)：7-8，11.

邵扬，郭延平，李强，张芸，黄青岩，李龙，汪学英，2020. 粮菜兼用型春蚕豆新品种临蚕 13 号 [J]. 中国种业 (07)：107-108.

鲜东锋，杨梅，杨秀燕，余东梅，项超，2021. 蚕豆新品种成胡 23 的选育及栽培技术 [J]. 农业科技通讯，(04)：276-278.

杨广东，王强，胡尊艳，孟宪新，王聪，郭怡璠，魏淑红，陈林祺，2018. 黑龙江省芸豆机械化大垄通透高产栽培技术 [J]. 中国种业，(06)：88-89.

Chapter 3

第三章

我国食用豆产业政策

一、食用豆产业政策的历史回顾

（一）粮食安全战略下的食用豆产业政策

食用豆在我国的统计分类上一直归于粮食，由于食用豆生产种植规模不大，一直没有制定专门针对食用豆的产业政策，但是作为农产品根植于其他农产品政策，尤其是粮食政策中。食用豆作为纯市场品种，在中国没有太多的政策干预，市场化水平反映较高、投机性较强。食用豆市场和消费受其生长周期和消费季节性影响，一年内价格变动较大，波动幅度一般在50%左右。其需求弹性比大宗农产品要高，即价格的波动对食用豆的需求变化是明显的，其供给变化受商品化率制约。

1. 1949—1978 年

我国实行的是长期低价的农业政策，这种低价农业政策是通过采取农业生产指令性管理、农产品义务交售和合同收购等办法来约束和限制农产品销售和价格的统购统销政策，并通过严格的城乡户籍制度等给予保证。1980 年以前，中国粮食生产主要是种植小麦、稻谷、玉米、薯类、大豆等高产品种，食用豆类因单产水平较低，其发展受到一定的限制，同时由于不同地区居民有不同的消费食用豆的习惯，加上食用豆在干旱半干旱等不易种植其他粮食作物的地区有零星种植，主要用于农民自食，市场贸易极少，城市基本不供应。

2. 1978—2018 年

改革开放 40 年来，中国粮食生产能力由总量不足发展到阶段性供过于求与供给不足并存，其间粮食供需形势变换频繁，粮食收购价格政策也进行了多轮重大调整，呈现出显著的阶段性特征。1978—1984 年执行统购计划定价政策，大幅减少粮食统购量，同时大幅提高粮食统购价；1985—1997 年进一步放松对粮食生产流通的管控，取消了农副产品统购派购制度，实行合同定购和市场收购双轨制价格政策，对农民种粮和交售定购粮实施激励。1998—2003 年实施粮食保护价收购制度，逐步放松对粮价的管控与保护。2004—2013 年实施托市收购政策，国务院全面放开国内粮食购销市场，粮食价格进入了持续性上涨时期。2014—2018 年实施粮食价补分离改革政策，稻谷和小麦虽然维持最低收购价政策，但最低收购价水平一改过去只升不降的做法，或平或降进行调整，推动"价补合一"的最低收购价政策向"最低收购价＋补贴"制度转型。政策的实施对保障我国粮食安全，保护农民收益发挥了重要作用，但也产生了一定的负面效应。

我国粮食生产同食用豆产业发展存在着复杂微妙的关系，一方面，随着粮食主产区建设的加强，粮食产量多年连续增长，国家对大宗粮食产品的支持政策不断强化，大力推行玉米、小麦、水稻等粮食产业的一系列刺激政策，直接挤压了食用豆产业的发展空间。食用豆主产区不断和粮食主产区分离，向非粮产区转移，食用豆产区更加集中，食用豆主产区与粮食主产区有了更好的区分，但是食用豆的生产规模在粮食主产区逐步减少。另一方面，随着我国农业供给侧结构性不断改革、推动东北冷凉区和北方农牧交错区等玉米非优势产区的玉米结构调整，实行"粮改饲""粮改豆"，增加杂粮和豆类的播种面积；有力地推动玉米非优势产区"镰刀湾"地区杂粮杂豆等特色产业的发展，设施蔬菜、优质果品、道地中药材、杂粮杂豆等成为农业结构调整的亮点和农民收入新的增长点。同时，贫困地区是中国食用豆生产的主要区域，食用豆产业的发展有利于推动贫困地区实现脱贫和经济增长，国家持续加大了扶贫开发力度，对食用豆生产也给予了补贴扶持政策，为食用豆产业的发展创造了良好条件。此外，随着人们的健康意识不断增强，国内外对食用豆的消费需求日益提升，食用豆人均消费量呈现逐年增长趋势，进一步带动了食用豆产业的发展。特别是 2008 年，国家加强了食用豆产业技术体系建设，科技对食用豆产业的支撑作用进一步加强，非粮食主产区食用豆生产效益不断提高，食用豆生产逐渐成为非粮食主产区农民增收和防范市场风险的重要农产品。2013 年，习近平总书记提出了"一带一路"倡议，为促进我国粮食产业"走出去"提供了巨大的历史性契机，同时也为我国加强同"一带一路"沿线国家的食用豆合作贸易提供了发展契机；食用豆产业区域布局进一步优化，种植面积和产量有所增加，规模化经营水平得到提升。

3. 2019 至今

近三年来，随着农业供给侧结构改革力度的不断加大，国家对食用豆等杂粮杂豆产业的发展日益重视。近年来，历年中央一号文件及农业农村部发布的《种植业工作要点》中，多次提出积极发展果菜茶、食用菌、杂粮杂豆、薯类、中药材、特色养殖、林特花卉苗木等乡村特色产业，显著推动了食用豆产业的进一步发展。2018 年 5 月，农业农村部办公厅印发了《2018 年推进农业机械化全程全面发展重点技术推广行动方案》的通知，提出开展特色产业节本增效机械化推广行动，即在山西和河北建立不同种植模式的食用豆、谷子试验示范基地，促进杂粮杂豆机械化生产技术集成和作业规范制修订，食用豆机械化发展程度得到提升。此外，各地方政府也积极开展耕地休耕轮耕制度试点工作，通过"粮改杂豆"引导农民改变种植习惯，提高土壤肥力，优化水肥管理，实现增产增效相统一、生产生态相协调，增加优质食用豆供给的同时也保护了耕地质量安全。习近平在2020 年在中央农村工作会议等重要会议上的讲话多次指出，要坚决守住脱贫攻坚成果，做好巩固拓展脱贫攻坚成果同乡村振兴有效衔接，对脱贫地区产业帮扶还要继续，补上技术、设施、营销等短板，促进产业提档升级。2021 年 5 月，农业农村部、财政部发布的《关于做好 2021 年农业生产发展等项目实施工作的通知》中再次支持脱贫地区乡村特色产业发展壮大、保障粮食等重要农产品有效供给、加强农业现代化设施装备建设等重点任务，提出"重点支持脱贫地区发展壮大乡村特色产业，提高市场竞争力和抗风险能力；强化全产业链支持措施，提升完善产业发展支撑保障和设施条件，相关资金项目继续向脱贫县倾斜；加大对粮食生产薄弱环节、丘陵山区特色农业生产急需机具以及高端、复式、智能农机产品补贴力度"等。这些举措的实施将进一步促进我国食用豆产业的快速发展。

这种粮食产业与食用豆产业相关性变化说明了粮食生产与食用豆生产存在着比较效益问题——粮食生产下降，一般是由于粮食生产收益下降造成的，粮食生产收益下降意味着食用豆生产收益上升，于是刺激食用豆产业发展；相反，粮食生产上升阶段，粮食生产收益大于食用豆生产收益，特别是国家对粮食生产实行补贴，使得种粮收益持续上升，食用豆生产比较效益下降，进而导致食用豆产业持续萎缩。

（二）食用豆期货市场的兴衰

在食用豆产业发展进程中，值得一提的是曾红极一时的我国绿豆期货以及红小豆期货兴衰史。

1. 绿豆期货的兴衰

1993 年，郑州商品交易所（以下简称郑商所）作为我国首家期货市场试点单位，推出绿豆、小麦、玉米、大豆、芝麻 5 个品种的期货交易，这 5 个品种成为我国第一批上市交易期货品种。相比于其他品种，绿豆具有产地集中、产量有限，易储存和便于操纵等特点，郑商所利用河南是绿豆主产区之一的优势，通过大力宣传，充分调动广大粮食现货商参与期货市场的积极性，吸引了各主产区一大批粮商参与套期保值交易，绿豆期货成交量稳步增长，市场份额不断扩大，很快便脱颖而出，成为期货市场的主力品种。1998—1999 年，绿豆期货曾先后创出年成交量 5 276.5 万手、日成交量 70 多万手的最高纪录，连续占据当时全国期货交易量的一半以上。

1999 年，由于大量投机资金不断进入和炒作，绿豆期货交易量、持仓量急剧扩大，市场风险骤增。为控制交易风险，郑商所先后出台提高绿豆交易保证金等政策试图抑制风险，然而作用不大。1 月 18 日，郑商所突然采取措施，将风险较大的 9903、9905、9907 合约的所有持仓全部对冲，以当日结算价强制平仓，同时扩大价幅，将各月份合约保证金比例统一为 10%。此举对期货市场产生极大影响，众多中小散户损失惨重，做套期保值的空头也蒙受巨大损失。鉴于绿豆期货暴涨暴跌的行情给投资者带来了巨大的风险，1999 年 12 月，中国证监会规定将绿豆期货的保证金从 5% 提高到 20%，此后绿豆期货交易日趋暗淡。在历经十年无交易量、无持仓量、无价格波动状态后，2009 年 5 月，盛极一时的绿豆期货品种黯然退市。导致我国绿豆期货退市的主要原因众说纷纭，有分析人士认为，绿豆期货退市和绿豆品种过小、种植面积和产量不稳定，不宜管理，期货容易被过分炒作、易操控有关；也有人认为绿豆作为纯市场化品种没有太多政策干预，市场化程度高，投机性强，市场活跃度容易激发，应该考虑恢复绿豆交易。

2. 红小豆期货的兴衰

我国红小豆期货也经历了"天津红 507 事件"和"苏州红小豆"事件。红小豆的产量受自然条件、气候变化和国内外市场需求量的影响较大，其价格波动也较为频繁。

天津联合交易所（以下简称天交所）于 1994 年 9 月率先推出红小豆期货合约进行交易。之后也出现了期货市场被炒作，红小豆期货出现价格暴涨暴跌的现象。为谋求与东京谷物交易所接轨，1997 年 10 月，天交所大幅提高天津红及其替代品交割标准，11 月举行对 1997 年产的红小豆地名封样，随后又推出"农产品工业化"思路，1998 年初又推出注册品牌登记制度。这些措施的连续推出，表明天交所在积极探索如何进一步规范国内红小豆期货市场、谋求与国际红小豆期货市场接轨，天津红内在价值的提高使期价具备了一定的抗跌性。

苏州商品交易所于 1995 年 6 月 1 日正式推出红小豆期货合约的交易，但是也因被投机资金炒作，期货市场风险增大，为抑制过度投机，1996 年被证监会宣布停止苏州红小豆期货合约交易。

3. 日本红小豆期货的启示

相比之下，日本红小豆期货市场发展较好。20 世纪 50 年代初日本就在世界上首先推出红小豆期货合约交易。经过半个多世纪的改造、补充和完善，东京谷物交易所的红小豆期货合约已成为当今世界上最有影响力的红小豆期市品种。日本政府为保护和调控本国的红小豆市场，对红小豆进口实行配额制。由于日本国内对红小豆需求量及进口配额变化较大，使得红小豆价格波动剧烈，故对国际市场红小豆的价格定位起着举足轻重的作用。

近年来日本商品期货市场迅速发展的主要原因是日本政府对商品期货市场发展高度重视、积极的改革进取态度和推动市场发展的思路与举措，值得我们学习和借鉴。首先，日本通过法律法规的完善拓展了红小豆市场生存与发展空间；其次，新品种上市机制的完善和新品种的不断推出，持续完善了商品期货市场的功能，满足了相关行业日益增多的保值避险需求；第三，通过改革商品期货市场的规则制度，如出台《日本商品期货市场的制度改革》，以及修改《商品交易所法》等，以利于创建良好的市场投资环境，提高商品期货市场的信用性、便利性和运行效率。

（三）小结

从收购价格的"调"整和流通体制的"放"权，伴随着计划经济中市场机制的引入和深化，国家开放了农产品市场，价值规律和供求规律引导着我国农产品的生产和交换，食用豆作为规模比较小的农产品品种，其作为纯市场品种，在中国没有太多的政策干预、市场化水平较高、投机性较强。食用豆市场和消费受生长周期和消费季节性影响，价格随着收获和消费季节而变动，其需求弹性比大宗农产品要高，即价格的波动对食用豆的需求变化是明显的，其供给变化受商品化率制约。

总的来看，国家日益重视农产品流通工作，特别是 2000 年以来，针对农产品供需格局出现的新特点、新变化，国务院、国家发改委、农业农村部、商务部等出台了一系列政策措施，包括食用豆在内的农产品流通政策日益完善，推动了包括食用豆在内的农产品流通体系和机制建设，政策效应得到良好体现，包括大力推进农产品市场体系建设，扶持建设了一批食用豆批发市场，形成了食用豆交易、流通集散地，提高农产品流通效率，加强鲜活农产品流通体系建设；建立产销衔接机制，减少中间环节，稳定销售渠道；加强市场监管，维护食用豆供需稳定，打击和惩治炒作和哄抬物价行为等。在这些政策的支持和保障下，促进了包括食用豆在内的农产品流通业的健康发展，基本实现了食用豆等农产品的有效流通和顺畅销售。

二、产业政策对食用豆产业发展的影响分析

（一）确保国家粮食安全背景下，大宗粮食产品供需平衡的压力不断加大，挤压了食用豆的生产

确保国家粮食安全、把中国人的饭碗牢牢端在自己手中是国家农业发展的基

本方针。尽管 2003 年以来，中国实现了粮食生产的"十七连丰"，但是，粮食生产面临着耕地和水资源约束更加突出、大宗粮食需求呈刚性增长趋势的双重压力，加上加入世界贸易组织（简称 WTO）后国内大宗粮食市场受国际市场的冲击不断加大，使得国内大宗粮食安全的保障将面临更加复杂的形势和严峻的挑战。

为此，国家实施了千方百计保障口粮安全的国家粮食安全战略和大力支持大宗粮食作物生产的强农惠农政策，无论在战略选择还是在政策设计上都高度重视大宗粮食作物生产发展，确保国家粮食安全，要求提高中国小麦、稻谷、玉米等大宗粮食生产能力；但是，这种粮食安全战略和政策无论在主观上还是在客观上都存在着重粮轻豆问题，在中国耕地面积不断减少的情况下，中国小麦、稻谷等大宗粮食播种面积的增加，必然减少食用豆生产扩大的空间。粮、豆支持政策的巨大差异，导致种植大宗粮食的效益显著高于种植食用豆的效益，同等条件下种粮收益持续上升，食用豆生产比较效益下降，从而导致食用豆产业发展持续萎缩。

2004 年以来，我国粮食总产量连年增长，有效地缓解了我国粮食供求平衡的压力和矛盾，从 2004 年的 46 946.95 万吨增加到 2020 年的 66 949 万吨。小麦、稻谷、玉米等大宗粮食播种面积逐年上升，小麦播种面积从 2004 年的 2 162.6 万公顷增加到 2020 年的 2 338 万公顷；稻谷从 2004 年的 2 837.88 万公顷增加到 2020 年的 3 008 万公顷；玉米从 2004 年的 2 544.57 万公顷增加到 2020 年的 4 126 万公顷。同期，稻谷、小麦、玉米等大宗粮食产量分别从 2004 年的 17 908.76 万吨、9 195.18 万吨、13 028.71 万吨，上升到 2020 年的 21 186 万吨、13 425 万吨和 26 067 万吨，小麦、稻谷、玉米产量占粮食总产量的 90.5%，这些大宗粮食产量的持续增长，为实现我国粮食"十七连丰"奠定了坚实基础。而同期，我国食用豆生产呈现持续性下降态势，2004 年食用豆播种面积为 321.01 万公顷，2020 年下降到 172.63 万公顷，降幅达 46.2%；2004 年总产量为 492 万吨左右，2020 年下降到 328 万吨左右，产量下降达 33.3%。

近年来，随着我国粮食安全保障不断增强，以及人们健康消费意识的日益增强，国人对食用豆的消费需求不断提升，食用豆人均消费量呈逐年增长趋势；而且食用豆产业对于贫困地区的脱贫贡献较为显著，2016—2017 年，食用豆种植面积和产量均有所上升，2018—2020 年，虽然种植面积呈微弱的下降趋势，但是总产量和单产能力均在逐年提升。

（二）对深入推进农业供给侧结构改革、全面决战决胜脱贫攻坚的贡献不断增强，食用豆产业发展日益得到重视

2003年以来，国家高度重视粮食生产，采取了一系列强农惠农富农政策，特别是对大宗粮食产品生产采取了种粮直补、良种补贴、农机购置补贴、产粮（油）大县奖励政策、农产品目标价格政策以及提高小麦、水稻最低收购价政策、玉米大豆临时收储政策、深入推进粮棉油糖高产创建支持等一揽子支持政策，极大调动了农民种植小麦、稻谷、玉米的积极性，同时，食用豆产业曾一度持续萎缩，2003—2015年，食用豆生产基本呈现持续性下降态势，种植面积达最低点的160.53万公顷。

然而，在粮食连年增产的同时，粮食库存不断加大，2013年以来中国农产品市场价格全面高于国际市场，2014年，我国首次出现了高生产量、高进口量和高库存量"三量齐增"的尴尬局面。针对此问题，2015年，中央农村工作会议第一次提出农业供给侧结构性改革，开启了我国农业供给侧结构性改革的新征程。随着我国农业供给侧结构性改革政策持续推进，特别是2017年对东北冷凉区等"镰刀湾"非玉米优势产区的种植结构调整，有力地推动"镰刀湾"地区杂粮杂豆等特色产业的发展。设施蔬菜、优质果品、道地中药材、杂粮杂豆等成为农业结构调整的亮点和农民收入新的增长点。近年来的中央一号文件也反复强调，积极发展果菜茶、食用菌、杂粮杂豆、薯类、中药材、特色养殖、林特花卉苗木等产业，因地制宜发展多样性特色农业，倡导"一村一品""一县一业"。

此外，随着消费者对健康和营养认识的不断加强，食用豆的国内外消费市场也越来越大，国家也陆续出台了食用豆等杂粮种植补贴的相关政策，如良种补贴、规模经营补贴、农业技术推广财政补贴、农产品产地初加工补助项目等，一定程度上推动了食用豆产业的发展，但是在市场收购、食用豆机械化、经营等有关政策还需要进一步完善，一方面食用豆市场价格波动直接影响食用豆的种植规模，另一方面，食用豆已成为许多贫困地区的脱贫产业，对地方脱贫工作具有重要意义，农业农村部等相关部委以及地方政府纷纷出台食用豆产业相关扶持政策，但总体来说，食用豆产业发展政策仍有待进一步完善，建议从育种研发、生产、流

通、销售以及多元化发展等方面进一步加强食用豆产业相关政策保障，确保食用豆产业的高质量发展。

（三）食用豆产业科技创新取得突破性进展，显著促进了食用豆生产能力的提高

20世纪80年代至21世纪初，中国开展了食用豆资源收集、育种等科研工作，在食用豆产业体系形成之前，全国专门从事食用豆研究的技术人员不到30人，科研经费十分紧缺，食用豆科技进步发展缓慢。2008年以来，在国家食用豆产业技术体系持续、稳定的支撑下，中国开始系统地开展食用豆全产业链科研工作，每年有2 000多万元的食用豆产业科研经费，专门从事食用豆研究的专家也增加到200多人，中国食用豆产业科技进步水平显著提升。

1. 种质资源保护、优异种质鉴定和发掘及基础性研究取得突破性进展

十年来，中国新收集引进鉴定国内外种质资源3 500余份，入国家种质库保存1 153份；目前，国家种质库收集保存编目入库的有绿豆7 067份、小豆5 780份、普通菜豆5 760份、蚕豆6 766份、豌豆6 508份和豇豆3 953份种质资源，发掘出一批具有特殊利用价值的优异种质，包括抗豆象、抗叶斑病、抗根腐病、抗细菌性疫病绿豆；抗豆象、抗丝核菌根腐病、抗白粉病、抗炭腐病小豆；抗赤斑病蚕豆；抗白粉病、抗枯萎病豌豆；抗镰孢菌枯萎病、抗炭疽病普通菜豆等。其中，抗豆象绿豆，抗叶斑病绿豆等品种的挖掘开发在中国食用豆种质资源发掘中尚属首次。

2. 功能基因挖掘方面取得突破性进展

普通菜豆、绿豆、小豆、豇豆和豌豆的基因组相继被破译，食用豆基因挖掘及分子标记辅助育种等研究取得了一定的进展，缩短了与大作物研究之间的差距。基因组和单倍型图谱的相继完成为食用豆的基因发掘与遗传改良研究提供了大量的表型数据和基因型数据，将推动食用豆全基因组选择育种的快速发展。

3. 育种创新取得突破性进展

目前已经筛选出一批优质抗病，适宜不同生态区、机械化耕作、加工利用等的食用豆优良品种（系），初步解决了目前食用豆生产上抗病虫、耐干旱、机械化生产品种缺乏等问题。例如筛选出冀绿7号、冀绿9号、品芸2号、青海12号等28个适宜不同生态区种植的优良品种；筛选出适合机械化耕作的龙芸豆5号、中绿5号、白绿11号、绿豆冀绿7号、保绿942、中绿5号、白绿11号、小豆白红12号等；筛选出抗旱、抗叶斑病、抗虫品种等；筛选出豆沙加工型小豆中红6号、保红947，绿豆中绿10号、白绿8号等专用品种。此外还筛选出适宜鲜食加工和芽用特性优异食用豆品种，如大白芸豆、龙芸12、龙芸17等。

4. 品种权保护与品种登记工作成效显著

培育通过省级及以上品种管理部门审（鉴）定的食用豆新品种205个，其中，国家鉴定品种31个，包括绿豆5个、小豆11个、蚕豆3个、豌豆6个、芸豆2个、豇豆4个。中绿16号、冀绿7号、冀绿9号、中红6号、冀红15号、青海13号、芸豆470、云豌1号等20多个新品种获得新品种保护权。截至2019年底共登记豌豆品种128个。

5. 食用豆生产机械化技术研究及应用不断深入

集成了适合不同豆种及区域的食用豆高产高效综合栽培技术，如西北旱区绿豆地膜覆盖节水、丘陵山区绿豆全程机械化生产技术、西南区冬闲田稻茬免耕及蚕豆平衡施肥、东北区食用豆全程机械化节本增效、华北和华东区绿豆和棉花、绿豆和玉米等间作套种高效种植等新技术。

研发了适合规模化种植的高速高精度气力式蚕豆精量播种机、分别适合干旱冷凉地区和麦茬免耕地的绿豆精量穴播机，改进了绿豆联合收割机，研发大粒型食用豆专用收割机等，并在生产上得到应用。

6. 加快食用豆绿色发展成效显著

食用豆病虫害绿色防控和农药减量技术取得一定进展。针对食用豆生产普遍存在过量施用氮素化肥现象，研制出蚕豆、绿豆、小豆减施 $40\%\sim60\%$ 氮素最佳施肥方案；开展绿豆枯萎病菌生理分化研究，筛选出 18 个高抗品种；建立了绿豆晕疫病、豇豆荚螟绿色防控技术体系，绿豆叶斑病与豆象生物防治与综合防控技术等；突破了膨化豌豆产品开发和品质提升技术。

可以看出，尽管食用豆科技进展相对于小麦、稻谷、玉米等大宗粮食作物科技进步而言相对落后，但是已经极大地提升了中国食用豆品种化种植、规模化种植和专业化经营水平。从近十年食用豆的单产水平来看，食用豆单产处于不断增高趋势，良种覆盖率也有所提升。

三、食用豆产业发展对粮食安全的贡献

（一）粮食安全的基本内涵和衡量维度

粮食安全是指所有人在任何时候都能通过物质和经济手段获得充足、安全和富有营养的食物，满足其膳食需要和饮食偏好，过上积极和健康的生活。小宗农产品作为世界主要粮食作物的有益补充，极大满足了全球食品多元化的消费需求。小宗农产品对中国的粮食安全贡献也非常大。

基于对粮食安全基本内涵的认识，可从数量安全、质量安全、结构安全、产业安全四个维度来衡量中国的粮食安全。

1. 数量安全

从数量安全角度，采用粮食产量波动系数、粮食安全库存系数、粮食外贸依存系数、粮食自给率来衡量粮食安全。

粮食产量波动系数。一国粮食的安全程度反映粮食实际产量与趋势产量的差异程度，可以通过年度粮食生产受各种因素影响所产生的波动幅度来衡量。该指标受自然因素、科技因素、社会因素、政治因素等多方面综合影响。通常情况下，对粮食产量波动影响最直接的因素是播种面积。

粮食安全库存系数。适度的粮食库存是粮食安全的基本保障。国际上将粮食库存量作为衡量国家粮食安全的一项重要指标。一般该粮食安全库存系数指标以当年粮食结转库存量占次年粮食预计消费量比率来计算。一个国家的粮食安全库存系数要从本国国情、粮情出发，以确定符合实际的库存系数指标。库存过多，势必增加国家财政和企业负担，会造成粮食资源的闲置和浪费；库存过少，又不足以应对自然灾害和突发事件，会危及粮食安全和影响居民生活。

粮食外贸依存系数。假设一国年度内出现粮食需求缺口（或富余）时，这部分缺口（富余）量全部由进口（出口）予以解决，则将粮食进口（出口）量占粮食总需求量的比率称为粮食外贸依存系数。粮食国际贸易能够起到调剂粮食余缺的作用，但过高的外贸依存度，容易对粮食进口形成过度依赖，从而对本国粮食安全造成潜在隐患；过低的外贸依存度，又会付出大量的投入作为代价，经济上是不合理的。

粮食自给率。与外贸依存度（粮食外贸依存系数）相对应的，即粮食自给率。一般用国内粮食总生产量占总需求量的比率来表示。粮食自给率高，粮食外贸依存度低；自给率低，粮食外贸依存度高。

2. 质量安全

根据我国《粮食法》规定，粮食质量标准主要包括粮食卫生标准、品质标准和营养标准，即卫生安全、品质安全、营养安全。

卫生安全。卫生安全是粮食质量安全的基础和最低标准。主要衡量指标包括农药残留、重金属污染等危害人体健康指标。国家尚未提出对粮食中的重金属和农药残留进行检测的要求，国家发改委等多部门共同公布的《粮食质量监管实施办法（试行）》，也没有土地污染对粮食生长影响考核指标，对于储存期年限内的粮食，仅设置常规指标检验规定。

品质安全。品质安全是粮食质量的中等标准，侧重于品种、质地。粮食种子的安全十分关键，关系到国计民生。

营养安全。营养安全是粮食质量标准中的最高标准，主要衡量指标是人均日摄取食物热量水平。按中国中长期食物发展战略研究组的推荐资料，人均日摄入热量指标具体到各类食物量上，中国人均主要食物的年均需求量为：粮食407公斤，其他如肉类、蛋类、奶类等达到 81 公斤。

3. 结构安全

在正常情况下，粮食种植结构与消费结构大体上应保持适当的平衡。

种植结构。粮食种植结构主要指粮食种植的品种结构。种植结构的平衡关系到粮食供求结构的平衡，粮食种植结构失衡往往意味着粮食品种供给的过剩或不足。对中国来讲，土地是稀缺资源，土地资源对于粮食种植品种的排他性，决定了粮食种植结构失衡，就会导致某个品种粮食生产的过剩，过剩即意味着浪费；被替代品种粮食供给的不足，从而降低该品种粮食的自给率。

消费结构。消费结构主要取决于供给、偏好、用途、成本、效益等因素，可以划分为品种间的消费结构、地区间的消费结构、国内国外的消费结构等。粮食资源消费结构失衡会影响粮食生产稳定、粮食自给率和粮食质量安全。我国粮食安全战略明确要坚持以我为主、立足国内，饭碗任何时候都要牢牢端在自己手上，碗里应该主要盛中国粮。这就是说，我国粮食的消费结构要做到两点，一是以国产粮消费为主，国外的粮食资源是补充；二是口粮消费主要靠自己，这里的"口粮"是相对"饲料粮"而言，其中应包括食用油。

库存结构。粮食库存即粮食储备，是粮食安全的"蓄水池"。对中国这样一个人多地少的大国，为防止自然灾害和受制于人，保持一定的、结构合理的粮食库存量，是十分必要且十分重要的。粮食库存不是越多越安全，库存多了或者结构失衡就是浪费，实际是一种无效库存。

4. 产业安全

粮食产业国际竞争力。主要包括产业国内市场份额（即粮食自给率）和产业贸易竞争力指数。其中产业国内市场份额反映该产业在国内市场的生存空间状况，其份额越大，表示它在国内市场上的空间越大。该指标可以用粮食自给率来衡量。产业贸易竞争力指数也称净出口指数或贸易专业化指数，是直接反映产业国际竞争力强弱的指标，一般用产业出口总额与进口总额的差额与产业出口总额与进口总额之和的比来衡量。

粮食产业对外依存度。主要反映粮食产业受国外负面因素影响的情况，主要包括产业进口对外依存度和产业出口对外依存度两个指标。粮食产业进口对外依存度反映国内粮食产业的生存对进口需求的依赖程度，可以用国内当年进口的粮食数量与当年粮食总需求量之比来衡量。粮食产业出口对外依存度反映国内粮食产业的生存对粮食出口的依赖程度，可以用国内粮食当年出口的数量与当年粮食总需求量之比来衡量。产业出口对外依存度越高，则说明国外因素对该产业影响就越大，所以导致该产业的生存安全度也就越低。

粮食产业控制力。主要反映粮食产业受外资控制程度及由此给产业的生存和发展安全造成的影响。主要包括外资市场控制率和受控制企业外资国别集中度。外资市场控制率反映外资对国内粮食产业市场的控制程度，该指标越高，产业发展安全受影响的程度越大。该指标可以用外资股权控制企业销售收入与国内产业总销售收入之比来衡量。受控制企业外资国别集中度可以用受国外某个国家控制的企业的产值占国内粮食产业总产值的比率来衡量。该指标集中度越高，粮食产业受该外资母国政府影响的可能性越大，产业发展不安全程度也就越大。

（二）食用豆对我国粮食安全的贡献

1. 食用豆等小宗农产品有助于保障我国粮食的数量安全

粮食产量存在一定的波动时，小宗农产品的生产可以平抑粮食产量波动，实现粮食的替代。当因自然灾害和突发事件产生粮食危机时，小宗农产品也可弥补粮食库存的不足。粮食的外贸依存度低，而小宗农产品的国际贸易相对比较自由，一定程度上也能够解决我国粮食外贸依存度低的问题。

2. 食用豆等小宗农产品有助于保障我国粮食的质量安全

从小宗农产品对我国粮食作物生产的影响来看，食用豆等小宗农产品能够起到共生固氮、提高土壤肥力、抗旱耐贫瘠、保护生态环境等作用，在与粮食作物实行轮作时，可有效减少化肥、农药的过量使用，进而提高粮食作物的质量。从对人类健康的影响来看，小宗农产品富含更多的膳食纤维和维生素，食用其可有效促进肠胃蠕动，为身体提供丰富的维生素和矿物质；食用豆富含蛋白、脂肪和纤维，营养丰富，是药食共用的食材。通过小宗农产品和粮食作物的合理配比消费，可以确保人体营养摄入平衡，提高粮食的质量安全水平。

3. 食用豆等小宗农产品有助于保障粮食的结构安全

食用豆等小宗农产品的种植能够进一步优化粮食的种植结构，确保粮食的种植结构更加合理。2018 年，我国继续深入推进供给侧结构调整，继续巩固"镰刀湾"地区玉米调减成果，杂粮、食用豆等具有耐寒，抗旱，耐土地瘠薄，耐适度盐碱等优势，适合在非玉米优势产区进行种植，优质特色杂粮杂豆成为种植业推进农业供给侧结构性改革，实施"调结构、转方式、促升级"战略的重要替代作物，是改善我国居民膳食结构的重要口粮品种。近几年，我国食用豆产量和单产能力均呈增长趋势。

近年来，随着我国粮食生产能力持续提高，粮食消费水平稳步提升。我国人均粮食的消费比例还相对较高，稻谷、小麦作为主要的口粮品种，食用消费总量约占粮食食用消费总量的 90％以上，加大小宗农产品的消费能够进一步减少大宗粮食的消费需求，也有助于保障人们膳食结构均衡。另一方面，小宗农产品可以替代粮食作为饲料，也可进一步减少粮食作物的消费压力，进而优化粮食消费结构。

4. 小宗农产品有助于保障粮食的产业安全

美国前国务卿基辛格曾告诫世人：控制了粮食，就控制了人类。可见，粮食的重要性非同小可。纵观当今世界大国，无一例外都是粮食生产和粮食贸易强国。以"ABCD"为代表的四大粮商控制着全世界 80％的粮食交易量，左右着国际粮食市场的价格、进出口贸易。他们分别是美国 ADM、美国邦吉（Bunge）、美国嘉吉（Cargill）和法国路易·达孚（Louis Dreyfus），根据英文名字首字母，大家将其简称为"ABCD"。这四大粮食巨头都是拥有百年以上历史的跨国粮商，全球前 10 位的谷物出口国中，四大粮商占据主导地位的就有 9 个。他们从种子、饲料、化肥这些最初环节直到产、供、销一条龙经营，在市场几乎每一个层面都占据绝对优势。这些发达国家在拥有自己的知名跨国粮商后，往往会利用跨国粮商为自己牟取政治利益或经济利益，而其必然会损害到其他国家的粮食安全和粮食产业的自主性。以中粮集团为代表的中国粮商虽然奋起直追，但是和国际四大粮商巨头相比仍然处于劣势。而我国食用豆等小宗农产品产业在国际市场具有重要影响，可以通过加快食用豆等小宗农产品产业的国际竞争力来提高我国在国际市场的粮食产业竞争力和控制力。2015 年，中共中央、国务院印发了《关于加大改革创新力度　加快农业现代化建设的若干意见》，提出要"加快培育具有国际竞争力的农业企业集团"。我国的粮食产业已经被四大粮商控制，但是小宗农产品话语权还在，可以小宗农产品为切入点，重新找回粮食产业的话语权和主动权。

参考文献

陈红霖，田静，朱振东，张耀文，陈巧敏，周素梅，王丽侠，刘玉皎，何玉华，尹凤祥，魏淑红，程须珍，2021. 中国食用豆产业和种业发展现状与未来展望［J］. 中国农业科学，54（03）：493-503.

黄青青，2019. 中国粮食收购价格支持政策对粮食安全的影响研究［D］. 江西财经大学.

邢星，2012. 日本期货市场发展经验对中国的启示［J］. 山东教育学院学报，（02）：121-124.

张志宏，张颜宇，佟敏强，2001. 红小豆国际市场需求与变化［J］. 黑龙江对外经贸，（Z1）：46.

第四章

我国食用豆生产优势区域分析

一、近十年我国食用豆整体生产发展趋势

2010—2020 年，我国食用豆的种植面积和产量呈现波动变化趋势。食用豆种植面积：2010—2015 年呈现逐年下降趋势，2015—2017 年有所上升，2017—2020 年呈现下降趋势；播种面积逐步下降，从 2010 年的 235.3 万公顷下降到 2020 年的 172.63 万公顷，面积缩小 26.6%。食用豆产量：2011 年有所上升，2011—2015 年逐年下降，2015—2020 年逐渐上升；从 2010 年 330.85 万吨下降至 2020 年 328.00 万吨，11 年间年由于单产能力的提升减幅不大，产量减少约 0.8%。

数据来源：根据 2010—2020 年国家统计局数据整理

图 4-1　2010—2020 年我国食用豆播种面积及产量变化

二、食用豆生产优势区域分析

（一）研究方法和数据来源

食用豆生产集中度指数（简称食用豆生产集中度）即食用豆产量占全国食用

豆总产量的比率，如果计算单一品种食用豆生产集中度指数则为该品种食用豆产量占全国该豆类的比率。此项指标可以考察各地区食用豆产量对同期全国食用豆产量的贡献度，掌握我国食用豆生产优势区域分布情况，进而了解各省食用豆生产的差异。

研究运用中国各省、自治区、直辖市 2010—2019 年食用豆、绿豆、小豆、豌豆、蚕豆、菜豆的产量数据，其中各地食用豆数据用国家统计局网站的豆类数据去除大豆数据得到，绿豆、小豆的产量数据均来源于国家统计局网站，豌豆、蚕豆、菜豆等有关数据来自食用豆产业技术体系 2019 年、2020 年的食用豆主产区调研数据。研究分别从省域、南北地区、东中西部三大区域以及国家粮食主产区等多种维度对中国食用豆生产空间分布的变化特征及趋势进行分析。

其中，南、北地区划分以秦岭—淮河一线为界，南方地区包括上海、江苏、浙江、安徽、福建、江西、湖北、湖南、广东、广西、云南、贵州、四川、西藏、海南、重庆在内的 16 个省区市，北方地区包括北京、天津、河北、山西、内蒙古、辽宁、吉林、黑龙江、山东、河南、陕西、甘肃、青海、宁夏、新疆 15 个省区市。

东部地区包括北京、天津、河北、辽宁、上海、江苏、浙江、福建、山东、广东、广西、海南 12 个省区市；中部地区包括山西、内蒙古、吉林、黑龙江、安徽、江西、河南、湖北、湖南 9 个省区；西部地区包括重庆、四川、贵州、云南、西藏、陕西、甘肃、宁夏、青海、新疆 10 个省区市。

八大粮食产区包括东北区（黑龙江、吉林和辽宁）；黄淮海区（山东、河南、河北、北京和天津）；长江中游区（湖北、湖南、江西和安徽）；东南沿海区（江苏、上海、浙江、福建、广东和海南）；西北区（陕西、山西、甘肃和宁夏）；西南区（四川、重庆、云南、贵州和广西）；蒙新区（内蒙古和新疆）；青藏区（青海和西藏）。

（二）食用豆生产优势区域分析

按照中国每年食用豆总产量对粮食产量的贡献分析，2010—2019 年，我国食用豆生产集中度指数经历了先降后升的变化过程，2010—2015 年，食用豆生产集中度指数逐年下降，2015—2019 年，食用豆生产集中度指数逐年上升，我国食用豆产业对农作物总产出的贡献逐渐加大。

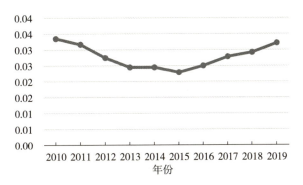

数据来源：根据 2010—2019 年国家统计局数据整理

图 4-2　2010—2019 年我国食用豆生产集中度指数变化

1. 食用豆总体生产格局及其变迁

根据 2010—2019 年分省区市食用豆产量数据，测算十年间各省区市食用豆生产集中度指数，同时分别测算南北方、东中西部地区以及八大粮食主产区的食用豆生产集中度指数，测算结果如下表。

表 4-1　2010—2019 年分省区市、分地区食用豆生产集中度指数

地区	2010	2011	2012	2013	2014	2015	2016	2017	2018	2019
北京	0.000	0.000	0.000	0.000	0.000	0.000	0.000	0.000	0.000	0.000
天津	0.000	0.000	0.000	0.000	0.000	0.000	0.000	0.000	0.000	0.000
河北	0.013	0.012	0.013	0.014	0.018	0.014	0.013	0.012	0.021	0.022
山西	0.024	0.020	0.025	0.029	0.031	0.032	0.037	0.036	0.037	0.039
内蒙古	0.073	0.072	0.071	0.049	0.041	0.046	0.062	0.075	0.081	0.079
辽宁	0.007	0.006	0.006	0.006	0.007	0.007	0.005	0.006	0.006	0.005
吉林	0.060	0.062	0.037	0.041	0.048	0.068	0.061	0.054	0.024	0.021
黑龙江	0.048	0.096	0.055	0.052	0.054	0.034	0.081	0.096	0.064	0.050
上海	0.002	0.002	0.003	0.002	0.003	0.001	0.001	0.000	0.000	0.000
江苏	0.071	0.058	0.060	0.056	0.043	0.048	0.046	0.044	0.049	0.059
浙江	0.043	0.037	0.025	0.026	0.027	0.029	0.023	0.022	0.021	0.022
安徽	0.008	0.008	0.019	0.014	0.016	0.013	0.011	0.010	0.017	0.016
福建	0.009	0.008	0.008	0.008	0.008	0.008	0.007	0.007	0.007	0.007

（续）

地区	2010	2011	2012	2013	2014	2015	2016	2017	2018	2019
江西	0.013	0.012	0.019	0.013	0.012	0.013	0.010	0.010	0.010	0.009
山东	0.006	0.006	0.006	0.012	0.013	0.009	0.006	0.005	0.004	0.003
河南	0.015	0.013	0.012	0.012	0.008	0.008	0.007	0.010	0.019	0.012
湖北	0.045	0.033	0.026	0.029	0.027	0.017	0.014	0.013	0.013	0.014
湖南	0.042	0.033	0.034	0.031	0.030	0.027	0.027	0.028	0.030	0.026
广东	0.008	0.009	0.010	0.010	0.009	0.010	0.009	0.008	0.008	0.009
广西	0.021	0.022	0.023	0.030	0.034	0.032	0.031	0.030	0.031	0.029
海南	0.004	0.004	0.005	0.005	0.006	0.005	0.005	0.003	0.004	0.003
重庆	0.063	0.056	0.062	0.070	0.069	0.075	0.070	0.066	0.065	0.065
四川	0.111	0.094	0.104	0.114	0.107	0.109	0.112	0.106	0.101	0.109
贵州	0.052	0.042	0.050	0.036	0.049	0.032	0.022	0.020	0.030	0.034
云南	0.132	0.205	0.217	0.236	0.246	0.258	0.254	0.239	0.230	0.237
西藏	0.007	0.006	0.007	0.007	0.007	0.007	0.004	0.006	0.007	0.006
陕西	0.012	0.013	0.014	0.016	0.018	0.016	0.017	0.015	0.015	0.015
甘肃	0.053	0.044	0.063	0.052	0.044	0.054	0.046	0.050	0.072	0.080
青海	0.018	0.012	0.013	0.010	0.010	0.010	0.009	0.009	0.009	0.010
宁夏	0.004	0.003	0.003	0.003	0.003	0.003	0.003	0.003	0.006	0.005
新疆	0.034	0.012	0.011	0.012	0.011	0.017	0.009	0.014	0.020	0.013
南方地区	0.631	0.630	0.672	0.689	0.693	0.684	0.645	0.614	0.622	0.644
北方地区	0.369	0.370	0.328	0.311	0.307	0.316	0.355	0.386	0.378	0.356
东部	0.164	0.141	0.136	0.140	0.135	0.130	0.115	0.108	0.120	0.131
中部	0.349	0.372	0.321	0.301	0.302	0.288	0.339	0.362	0.326	0.296
西部	0.487	0.488	0.543	0.559	0.563	0.581	0.546	0.530	0.554	0.573
东北区	0.115	0.164	0.098	0.100	0.109	0.108	0.146	0.156	0.094	0.076
东南沿海区	0.137	0.117	0.111	0.108	0.096	0.101	0.091	0.085	0.088	0.100
黄淮海区	0.035	0.031	0.031	0.038	0.040	0.030	0.026	0.027	0.045	0.038

（续）

地区	2010	2011	2012	2013	2014	2015	2016	2017	2018	2019
蒙新区	0.107	0.084	0.082	0.062	0.052	0.063	0.071	0.089	0.101	0.092
青藏区	0.025	0.018	0.019	0.018	0.017	0.017	0.013	0.015	0.016	0.016
西北区	0.094	0.080	0.105	0.101	0.096	0.105	0.103	0.105	0.130	0.140
西南区	0.379	0.419	0.456	0.488	0.504	0.507	0.489	0.461	0.457	0.473
长江中游区	0.107	0.087	0.099	0.087	0.085	0.069	0.061	0.061	0.070	0.065

数据来源：根据 2010—2019 年国家统计局数据整理

　　从省域分布看，2010 年以来，各省食用豆生产集中度变化趋势各异，食用豆主产区由东、中部向中、西部地区集中。食用豆生产优势区域主要集中在云南、四川、甘肃、内蒙古、重庆、江苏、黑龙江、山西、贵州、广西、湖南、浙江、河北、吉林等地，这些地区的食用豆生产集中度指数均在 0.02以上。

　　2010—2019 年，食用豆生产集中度更加集中。2010 年食用豆生产集中度排名前五名的是云南、四川、内蒙古、江苏、重庆五省（区市），食用豆产量占全国食用豆生产总量的 45%；2019 年，食用豆生产集中度排名前五位的云南、四川、内蒙古、甘肃、重庆食用豆产量之和占全国食用豆生产总量的 57%，其中云南、甘肃、山西、广西食用豆产量占全国食用豆产量的比率自 2010 年至 2019 年明显增加，分别增长了 10%、2.7%、1.5%、1.3%。

　　2010—2019 年，东部区的黑龙江、吉林、江苏和中部地区的内蒙古、湖北以及西部区的贵州、甘肃等地食用豆生产集中度波动较大，吉林下降明显，从0.052 9 下降到 0.021 4，湖北从 0.044 8 下降到 0.013 6，湖南从 0.041 9 下降到0.026 4，浙江从 0.043 3 下降到 0.022 3；云南、四川、重庆、湖南、江苏、广西、山西、河北等中西部地区食用豆生产集中度变化相对平稳。

2. 南、北地区食用豆生产集中度对比

　　从表 4-1 可看出，近十年南方地区是我国食用豆的主要产区，食用豆产量占我国食用豆总产量的 60% 以上，北方地区食用豆产量占我国食用豆总产量的 40%以下，食用豆生产有继续向南方转移的趋势。南方食用豆产量一直高于北方，南

北方食用豆产量差距有逐步增大的趋势，南方地区食用豆生产集中度指数由 2010 年的 0.631 升至 2019 年的 0.644，波动中略有上升趋势；北方地区食用豆生产集中度指数由 2010 年的 0.369 降至 2019 年的 0.356，波动中有下降趋势。

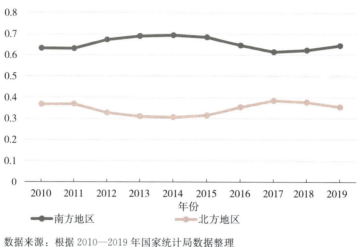

数据来源：根据 2010—2019 年国家统计局数据整理

图 4-3　2010—2019 年南、北方地区食用豆生产集中度指数变化

3. 东、中、西部地区食用豆生产集中度分析

按照东部、中部和西部三大区域分析，2010—2019 年，我国食用豆生产主要集中在西部和中部，并且食用豆生产集中度由西往东呈现逐渐降低趋势。其中，西部地区食用豆生产集中度最高，十年间生产集中度均值为 0.542 4。中部地区生产集中度均值为 0.325 6，东部地区生产集中度均值为 0.132。2010—2019 年，中部地区和西部地区共生产了全国总产量 86% 以上的食用豆。东部地区食用豆生产处于弱势地位，生产了全国 14% 左右的食用豆。东部地区食用豆生产集中度从 2010 年的 0.164 下降到了 2019 年的 0.131，2010—2017 年逐年下降，2017—2019 年有所上升。中部地区食用豆生产集中度呈现波动中下降趋势，2010 年为 0.349，2019 年为 0.296。西部地区食用豆生产集中度呈现波动中上升趋势，2010 年生产集中度为 0.487，2019 年为 0.573。

4. 八大粮食产区食用豆生产集中度变化趋势

从八大粮食产区的食用豆生产分布来看，中国食用豆生产主要分布在西南区、东北区、西北区和东南沿海，这四个区食用豆生产集中度总和约为 0.789，其中

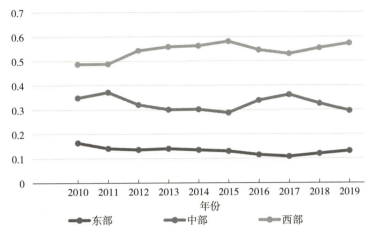

数据来源：根据 2010—2019 年国家统计局数据整理

图 4-4　2010—2019 年东、中、西部地区食用豆生产集中度变化

西南区食用豆生产集中度最高，近十年均值为 0.463，其次是东北区，食用豆生产集中度均值为 0.117，西北区和东南沿海区食用豆生产集中度均值为 0.100 左右，蒙新区和长江中游区食用豆生产集中度均值为 0.080 左右，黄淮海区食用豆生产集中度均值为 0.034 左右，青藏区食用豆生产集中度最低，均值为 0.017 左右。

2010—2019 年，食用豆生产呈现出从东北区、长江中游区、东南沿海、青藏区向西北区、西南区、蒙新区转移态势。西北区、西南区食用豆生产集中度呈总体上升趋势；东南沿海区、长江中游区、青藏区食用豆生产集中度呈总体下降趋势；东北区、黄淮海区、蒙新区呈波动变化趋势。其中，西南区、西北区、黄淮海区食用豆生产集中度分别从 2010 年的 0.379、0.094、0.035 上升到 2019 年的 0.473、0.140、0.038；东北区、东南沿海区、长江中游区、青藏区生产集中度分别从 2010 年的 0.115、0.137、0.107、0.025 下降到 2019 年的 0.076、0.100、0.065 和 0.016；蒙新区食用豆生产集中度经历了先降后升的变化趋势，从 2010 年的 0.107 下降到 2014 年的 0.052 最低水平以后又逐年上升，到 2019 年升至 0.092。从八大粮食产区食用豆生产集中度变迁趋势来看，我国粮食主产区的食用豆生产集中度呈现出向西部倾斜的趋势。

（三）食用豆分品种优势产区

中国是世界上种植食用豆种类最多的国家，也是世界食用豆生产和出口大

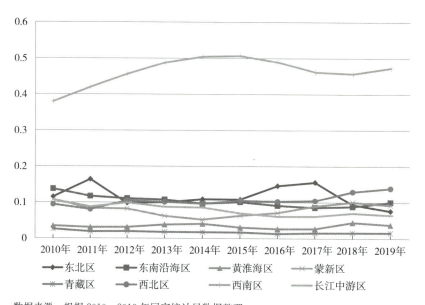

数据来源：根据 2010—2019 年国家统计局数据整理

图 4-5　2010—2019 年八大粮食产区食用豆生产集中度指数变化

国。食用豆抗旱耐瘠，易于栽培管理，并具有共生固氮能力，是禾谷类、薯类、棉花、幼龄果树等作物间作套种的适宜作物和良好前茬，也是良好的填闲和救灾作物。

近年来，随着中国农业供给侧结构性改革、玉米非优势产区调减力度的不断加大，食用豆产业区域布局进一步优化，种植面积和产量有所增长，规模化经营水平得到提升。此外，随着人们健康消费意识的不断提高，食用豆因营养价值高而在国内外市场的需求快速提升，进一步推动了食用豆产业的发展。

我国食用豆生产的主要品种包括豌豆、绿豆、小豆、菜豆、豇豆和蚕豆等 20 多种。食用豆富含蛋白质、脂肪和纤维，具有很高的营养价值。其中豇豆、蚕豆、豌豆的产量较高，其次是菜豆、绿豆、小豆等。蚕豆、豌豆生产在过去 10 年内发生了明显变化，主要是由于籽粒生产转变为鲜食菜用生产。

1. 小豆

小豆种植面积及产量虽小，但由于生产适应性强且具有固氮养地功能，有利于间作套种和促进农业可持续发展，还可优化人们的膳食结构，在农业生产及人民生活中具有独特的作用。根据各种植区的气候条件以及耕作制度等，中国小豆生产大致可分为 3 个种植区域。

（1）北方春播区

本区包括辽宁、吉林、黑龙江、内蒙古东部、山西、陕西以及华北北部等地区，是我国小豆优势产区和主要出口基地。

（2）北方夏播区

本区包括河北中南部、河南、山东、山西南部、北京、天津、安徽、陕西南部及江苏北部等地，是我国的第二小豆主产区。

（3）南方产区

主要包括广西、云南、台湾等南方省区。本区耕作制度及地势复杂，春、夏、秋播3种类型都有，零星种植，为小豆的非主产区。

根据食用豆产业体系在2019、2020年的调研数据，我国小豆生产集中度排名前五位省份如下表4-2。

表4-2　2019、2020年小豆生产集中度前五位省份

2019年			2020年		
省份	产量（万吨）	生产集中度	省份	产量（万吨）	生产集中度
黑龙江	40.00	0.512	黑龙江	20.800	0.516
吉林	9.43	0.121	吉林	5.175	0.128
湖北	4.99	0.064	江苏	3.400	0.084
辽宁	4.38	0.056	湖北	2.970	0.074
陕西	3.65	0.047	贵州	2.400	0.060

数据来源：根据2019、2020年食用豆产业技术体系调研数据整理

可看出，黑龙江、吉林、湖北、辽宁小豆产量均有所下降且下降较为明显。

中国小豆种植面积较大，且红小豆是在贸易中占较大比例的品种。中国优质红小豆品种主要有天津红小豆、吉红10号、白红9号、晋小豆6号、冀红16号、苏红1号、苏红2号、龙小豆5号等。其中，天津红小豆被东京谷物交易所列为红小豆期货合约标的物唯一替代的交割物。

根据国家统计局2010—2019年红小豆的生产情况数据来看，2010—2019年，红小豆产量占食用豆总产量的百分比均值为0.075左右，并且呈波动中上升趋势。红小豆的生产集中度相对较高，2019年，绿豆生产集中度指数在0.010以上的省份有14个，这些地区红小豆生产集中度之和达0.897 6，其中排名前五位的省区

为黑龙江、内蒙古、江苏、陕西、山西。红小豆生产最多的省份是黑龙江，2019
年全国红小豆产量25.4万吨，其中黑龙江红小豆产量占全国的37.4%，共9.5万
吨（表4-3）。

表4-3　2010—2019年各地红小豆生产集中度指数

地区	2010	2011	2012	2013	2014	2015	2016	2017	2018	2019
北京	0.003	0.003	0.003	0.003	0.002	0.002	0.001	0.001	0.001	0.000
天津	0.000	0.000	0.001	0.001	0.001	0.001	0.000	0.001	0.001	0.000
河北	0.028	0.028	0.033	0.031	0.030	0.027	0.021	0.016	0.029	0.031
山西	0.037	0.033	0.048	0.057	0.058	0.060	0.040	0.033	0.051	0.055
内蒙古	0.094	0.125	0.130	0.112	0.115	0.114	0.103	0.110	0.092	0.098
辽宁	0.026	0.020	0.033	0.034	0.017	0.018	0.020	0.026	0.027	0.020
吉林	0.087	0.042	0.047	0.087	0.096	0.083	0.052	0.049	0.032	0.035
黑龙江	0.305	0.477	0.316	0.264	0.278	0.327	0.517	0.538	0.428	0.374
上海	0.000	0.000	0.000	0.000	0.000	0.000	0.000	0.000	0.000	0.000
江苏	0.098	0.085	0.104	0.103	0.094	0.071	0.054	0.041	0.070	0.079
浙江	0.000	0.000	0.000	0.000	0.000	0.000	0.000	0.000	0.000	0.000
安徽	0.008	0.011	0.049	0.037	0.033	0.041	0.024	0.018	0.040	0.039
福建	0.005	0.005	0.005	0.005	0.004	0.004	0.002	0.002	0.003	0.004
江西	0.000	0.000	0.003	0.001	0.001	0.001	0.002	0.002	0.003	0.004
山东	0.008	0.010	0.017	0.017	0.020	0.014	0.005	0.005	0.006	0.008
河南	0.000	0.000	0.000	0.000	0.000	0.000	0.000	0.000	0.000	0.000
湖北	0.030	0.022	0.019	0.022	0.010	0.010	0.003	0.003	0.012	0.016
湖南	0.005	0.006	0.008	0.008	0.007	0.008	0.006	0.006	0.009	0.008
广东	0.013	0.011	0.015	0.011	0.012	0.011	0.007	0.007	0.007	0.008
广西	0.002	0.002	0.003	0.002	0.002	0.004	0.004	0.003	0.004	0.004
海南	0.004	0.003	0.006	0.005	0.005	0.006	0.006	0.004	0.004	0.004
重庆	0.011	0.011	0.012	0.012	0.012	0.011	0.010	0.008	0.011	0.012

（续）

地区	2010	2011	2012	2013	2014	2015	2016	2017	2018	2019
四川	0.019	0.015	0.017	0.016	0.014	0.013	0.008	0.006	0.007	0.008
贵州	0.103	0.013	0.019	0.030	0.019	0.017	0.012	0.009	0.011	0.012
云南	0.051	0.040	0.041	0.043	0.051	0.055	0.033	0.025	0.032	0.035
西藏	0.000	0.000	0.000	0.000	0.000	0.000	0.000	0.000	0.000	0.000
陕西	0.023	0.029	0.058	0.045	0.105	0.058	0.060	0.047	0.061	0.067
甘肃	0.015	0.012	0.015	0.015	0.014	0.014	0.009	0.015	0.018	0.024
青海	0.000	0.000	0.000	0.000	0.000	0.000	0.000	0.000	0.000	0.000
宁夏	0.000	0.000	0.000	0.000	0.000	0.000	0.000	0.000	0.000	0.000
新疆	0.025	0.000	0.000	0.040	0.000	0.030	0.001	0.028	0.041	0.000
北方	0.651	0.778	0.699	0.706	0.735	0.748	0.830	0.868	0.787	0.713
南方	0.349	0.222	0.301	0.294	0.265	0.252	0.170	0.132	0.213	0.287
东部	0.186	0.164	0.216	0.210	0.185	0.153	0.118	0.102	0.148	0.154
西部	0.246	0.119	0.162	0.201	0.215	0.197	0.133	0.138	0.181	0.157
中部	0.569	0.718	0.621	0.589	0.600	0.648	0.749	0.760	0.671	0.634

数据来源：根据 2010—2019 年《中国农业统计年鉴》红小豆产量数据整理

红小豆的生产变化最为明显的黑龙江、吉林和贵州省，10 年间，黑龙江的红小豆生产集中度从 0.305 上升到 0.374，吉林的红小豆生产集中度从 0.087 4 下降到 0.035 4；贵州从 0.102 9 下降到 0.011 8。

表 4-4 2010、2015、2019 年红小豆生产集中度指数前 5 位地区分布

2010 年			2015 年			2019 年		
省份	产量（万吨）	生产集中度	省份	产量（万吨）	生产集中度	省份	产量（万吨）	生产集中度
黑龙江	6.7	0.305	黑龙江	5.74	0.326 7	黑龙江	9.5	0.374
贵州	2.26	0.102 9	内蒙古	2.01	0.114 4	内蒙古	2.5	0.098 4
江苏	2.16	0.098 3	吉林	1.46	0.083 1	江苏	2	0.078 7
内蒙古	2.06	0.093 8	江苏	1.24	0.070 6	陕西	1.7	0.066 9
吉林	1.92	0.087 4	山西	1.05	0.059 8	山西	1.4	0.055 1

数据来源：根据 2010—2019 年《中国农业统计年鉴》红小豆产量数据整理

从南、北方红豆生产布局来看，北方地区基本保持了红小豆的优势生产地位，生产了近全国产量75%的红小豆。其中北方红小豆生产集中度2010—2017年经历缓慢上升趋势，2018—2019年有所下降；而南方地区红小豆生产集中度2010—2017年经历了持续下降趋势后，2018—2019年又有所上升。

从东、中、西部的红小豆生产布局来看，2010—2019年，东部地区、中部地区和西部地区的红小豆生产集中度平均值分别为0.169、0.656、0.175，2002—2018年，东部地区、中部地区、西部地区红小豆生产集中度平均水平在波动中有下降趋势。

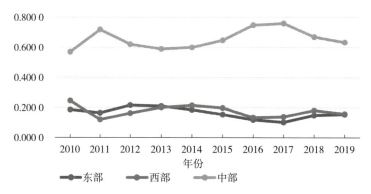

数据来源：根据2010—2019年《中国农业统计年鉴》红小豆产量数据整理

图4-6　东中西部地区红小豆生产集中度指数变化

2. 绿豆

绿豆是我国种植的主要食用豆和我国重要的杂粮作物品种之一，是一种栽培历史悠久且用途广泛的作物。从生态特性看，绿豆属一年生直立草本植物，株高一般在20～60厘米，性喜温热，花期在初夏，生育期间需要较高的温度，全生育期70～110天，生育期间需水较多。绿豆不耐渍，排水不良会造成倒伏和烂荚甚至死亡。绿豆具有适播期长、生育期短、耐干旱、耐瘠薄、固氮养地等特点，是短日照作物，耐阴性强，是山区丘陵及旱薄地种植的适宜作物，还是与禾谷类、薯类、幼龄树等间作套种的理想作物和良好前茬作物。

中国绿豆生产在播种期基本实现了机械化。绿豆主产区分为北方春播区、北方夏播区、南方产区。

（1）北方春播区

本区包括内蒙古中东部，辽宁、吉林西北部，黑龙江西部，陕西、山西和河北北部等，耕作制度为一年一熟，是我国绿豆春播主产区，也是绿豆主要出口地区和优势产区。

（2）北方夏播区

本区包括河北、山西南部，河南西北部及山东北部地区，耕作制度为一年两季或两年三季。

（3）南方产区

本区主要包括江苏、安徽、湖北等长江中下游地区及重庆西部地区等，可春播、夏种和秋播，耕作制度为一年两季或一年三季。

从 2010—2019 年绿豆的生产情况来看，绿豆产量占食用豆总产量的百分比均值为 19.5％左右。绿豆的生产分布相对分散，2019 年，绿豆生产集中度指数在 0.010 以上的地区有 16 个，其中排名前五位的地区为内蒙古、吉林、山西、安徽、河南。

表 4-5　2010—2019 年各地区绿豆生产集中度

地区	2010	2011	2012	2013	2014	2015	2016	2017	2018	2019
北京	0.000	0.000	0.000	0.000	0.000	0.000	0.000	0.000	0.000	0.000
天津	0.000	0.001	0.001	0.000	0.001	0.001	0.000	0.000	0.000	0.000
河北	0.017	0.017	0.018	0.018	0.021	0.017	0.020	0.016	0.026	0.031
山西	0.051	0.046	0.056	0.070	0.081	0.074	0.082	0.072	0.066	0.086
内蒙古	0.169	0.183	0.237	0.191	0.145	0.150	0.206	0.275	0.311	0.332
辽宁	0.019	0.019	0.016	0.017	0.013	0.010	0.013	0.010	0.015	0.016
吉林	0.232	0.295	0.173	0.196	0.247	0.330	0.287	0.233	0.099	0.098
黑龙江	0.039	0.035	0.024	0.035	0.040	0.021	0.061	0.081	0.059	0.038
上海	0.000	0.000	0.000	0.000	0.000	0.000	0.000	0.000	0.000	0.000
江苏	0.013	0.012	0.016	0.015	0.018	0.017	0.009	0.007	0.015	0.016
浙江	0.000	0.000	0.000	0.000	0.000	0.000	0.000	0.000	0.000	0.000
安徽	0.028	0.037	0.083	0.066	0.070	0.056	0.043	0.038	0.065	0.072

（续）

地区	2010	2011	2012	2013	2014	2015	2016	2017	2018	2019
福建	0.004	0.003	0.003	0.004	0.003	0.003	0.002	0.002	0.002	0.003
江西	0.012	0.008	0.020	0.010	0.010	0.010	0.008	0.007	0.007	0.007
山东	0.015	0.017	0.023	0.026	0.029	0.014	0.008	0.008	0.007	0.009
河南	0.067	0.064	0.062	0.064	0.050	0.040	0.037	0.046	0.090	0.066
湖北	0.044	0.039	0.035	0.026	0.022	0.022	0.010	0.009	0.014	0.014
湖南	0.062	0.054	0.053	0.051	0.047	0.044	0.036	0.033	0.035	0.042
广东	0.007	0.007	0.007	0.008	0.008	0.007	0.007	0.006	0.004	0.005
广西	0.026	0.040	0.032	0.037	0.047	0.045	0.045	0.037	0.038	0.042
海南	0.001	0.000	0.001	0.001	0.001	0.001	0.001	0.001	0.000	0.000
重庆	0.038	0.034	0.039	0.045	0.046	0.043	0.038	0.034	0.033	0.040
四川	0.033	0.033	0.038	0.046	0.050	0.046	0.042	0.036	0.035	0.040
贵州	0.029	0.006	0.013	0.008	0.011	0.017	0.007	0.006	0.005	0.005
云南	0.013	0.011	0.011	0.013	0.016	0.015	0.013	0.012	0.011	0.014
西藏	0.000	0.000	0.000	0.000	0.000	0.000	0.000	0.000	0.000	0.000
陕西	0.034	0.036	0.036	0.036	0.021	0.010	0.016	0.014	0.014	0.016
甘肃	0.001	0.001	0.001	0.001	0.001	0.001	0.001	0.002	0.002	0.005
青海	0.000	0.000	0.000	0.000	0.000	0.000	0.000	0.000	0.000	0.000
宁夏	0.000	0.000	0.000	0.000	0.000	0.000	0.000	0.000	0.000	0.000
新疆	0.046	0.000	0.002	0.016	0.000	0.008	0.008	0.016	0.046	0.000
南方	0.309	0.286	0.351	0.329	0.351	0.325	0.260	0.228	0.264	0.304
北方	0.691	0.714	0.649	0.672	0.649	0.675	0.740	0.772	0.736	0.696
东部	0.076	0.077	0.086	0.089	0.095	0.070	0.059	0.050	0.072	0.080
西部	0.194	0.121	0.139	0.164	0.145	0.140	0.125	0.119	0.146	0.120
中部	0.730	0.802	0.776	0.747	0.760	0.790	0.816	0.831	0.783	0.796

数据来源：根据 2010—2019 年《中国农业统计年鉴》绿豆产量数据整理

　　从表 4-5 中可看出，内蒙古、吉林绿豆生产的地位十分突出，是仅有的两个生产集中度超过 0.100 的地区，占据了全国绿豆产量的 40%。2010—2016 年，吉林省绿豆生产集中度最高，均值为 0.182 3 左右，其次是内蒙古，2017—2018 年，内蒙古超过吉林省成为绿豆生产集中度最高的省，2019 年，内蒙古绿豆生产集中度为 0.331 6，位居第二的吉林绿豆生产集中度为 0.097 7，内蒙古比吉林高 0.233 9。与 2010 年相比，2019 年内蒙古的绿豆生产集中度增加了 16.3%，而吉林的绿豆生产集中度指数下降了 13.42%。

　　从南北方绿豆生产布局来看，绿豆生产主要集中在北方地区，北方地区生产了约全国产量 70% 的绿豆，南方地区生产了约全国产量 30% 的绿豆，并且近 10 年变化幅度不大。

　　从东、中、西部的绿豆生产布局来看，2010—2019 年，东部地区、中部地区和西部地区绿豆生产集中度平均值分别为 0.075 3、0.783 和 0.141 4。十年间，东部地区绿豆生产集中度整体变化不大，中部地区绿豆生产地位在波动中有所提升，西部地区绿豆生产集中度呈波动中略有下降趋势。

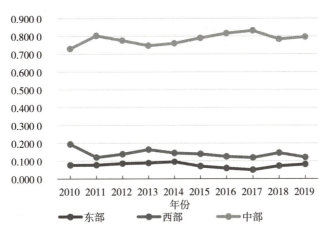

数据来源：根据 2010—2019 年《中国农业统计年鉴》绿豆产量数据整理

图 4-7　2010—2019 年东、中、西部绿豆生产集中度指数

表 4-6　2010、2015、2019 年绿豆生产集中度指数前 5 位地区分布

2010 年			2015 年			2019 年		
省份	产量（万吨）	生产集中度	省份	产量（万吨）	生产集中度	省份	产量（万吨）	生产集中度
吉林	17.32	0.231 9	吉林	17.26	0.329 5	内蒙古	19	0.331 6
内蒙古	12.59	0.168 6	内蒙古	7.87	0.150 2	吉林	5.6	0.097 7

（续）

2010 年			2015 年			2019 年		
省份	产量（万吨）	生产集中度	省份	产量（万吨）	生产集中度	省份	产量（万吨）	生产集中度
河南	5.03	0.067 4	山西	3.85	0.073 5	山西	4.9	0.085 5
湖南	4.64	0.062 1	安徽	2.91	0.055 6	安徽	4.1	0.071 6
山西	3.78	0.050 6	四川	2.41	0.046	河南	3.8	0.066 3

数据来源：根据 2010—2019 年《中国农业统计年鉴》绿豆产量数据整理

3. 豌豆

农业农村部有关资料显示，我国豌豆的主产区主要为北方干豌豆产区、南方干豌豆产区、南方鲜豌豆产区、北方鲜豌豆产区（表 4-7）。

表 4-7　中国豌豆生产区域分布

北方干豌豆产区	山西、内蒙古、辽宁、山东、西藏、甘肃、青海、宁夏以及河北北部、陕西北部、北京东北部等地区	播种：2 月中下旬至 4 月上中旬 收获：植株中下部叶片发黄、70%～80% 豆荚枯黄时收获
南方干豌豆产区	江苏、浙江、安徽、江西、河南、湖北、湖南、广西、重庆、四川、云南等地区	播种：10 月至 11 月秋播 收获：翌年 4 月至 5 月收获
南方鲜豌豆产区	江苏、浙江、安徽、福建、江西、河南、湖北、湖南、广东、广西、重庆、四川、贵州、云南等地区	播种：10 月中旬左右 收获：12 月至翌年 2 月上旬
北方鲜豌豆产区	北京、天津、河北、山西、内蒙古、辽宁、吉林、黑龙江、山东、陕西、甘肃等地区	播种：2 月中下旬至 4 月上中旬 收获：6 月末至 7 月初

数据来源：根据农业农村部《2019 年豌豆生产技术指导意见》整理

由于历年各省的豌豆生产有关数据没有官方统计，因此本文主要根据食用豆产业技术体系 2019 年、2020 年对食用豆主产省、自治区、直辖市的调研数据对豌豆主产区的生产情况进行分析。

根据 2020 年调研数据分析，我国鲜豌豆主要产区为云南、江苏、广西、河南、贵州、四川、河北、安徽等地区；干豌豆主要产区主要为四川、甘肃、云南、湖南、湖北、新疆、重庆、山西等地区。

各地的豌豆生产集中度指数计算方法：用被调研的豌豆主产省的干豌豆和鲜豌豆产量分别占所有被调研地区当年干豌豆和鲜豌豆总产量的比率作为各省干豌豆和鲜豌豆的生产集中度指数。

通过计算，2019、2020 年鲜豌豆生产集中度排名前五名的省区分别如表 4-8。

表 4-8　2019、2020 年鲜豌豆生产优势区域前五位

	2019 年			2020 年	
地区	产量（万吨）	生产集中度	地区	产量（万吨）	生产集中度
云南	133.90	0.257	云南	140.70	0.299
广西	73.50	0.141	江苏	72.00	0.153
江苏	72.00	0.138	广西	65.00	0.138
安徽	60.00	0.115	河南	44.97	0.095
贵州	46.80	0.090	贵州	42.25	0.090

数据来源：根据食用豆产业体系 2019—2020 年主产区鲜豌豆调研数据整理

从表 4-8 可看出，与 2019 年相比，2020 年云南、河南鲜豌豆产量有所增加，江苏没有变化，安徽、贵州鲜豌豆产量均有所下降。

通过计算，2019、2020 年干豌豆生产集中度排名前五名的省份如表 4-9。

表 4-9　2019、2020 年干豌豆生产优势区域前五位

	2019 年			2020 年	
地区	产量（万吨）	生产集中度	地区	产量（万吨）	生产集中度
四川	15.00	0.281	四川	14.10	0.264
云南	9.62	0.180	甘肃	13.05	0.244
甘肃	6.60	0.123	云南	7.00	0.131
湖南	5.79	0.108	湖南	5.60	0.105
湖北	3.42	0.064	湖北	4.20	0.079

数据来源：根据食用豆产业体系 2019—2020 年主产区干豌豆调研数据整理

从表 4-9 可看出，与 2019 年相比，2020 年云南省干豌豆产量有所下降，甘肃省干豌豆产量大幅增加，四川、湖南、湖北干豌豆产量变化相对平稳。

4. 蚕豆

根据农业农村部有关资料，我国蚕豆的主产区主要分为春播区、秋播区。

（1）春播区

蚕豆春播种植区主要分布在西北和华北地区，包括河北、山西、内蒙古、西

藏、甘肃、青海、宁夏、新疆等省区。春播蚕豆面积占全国总面积的 10% 左右，单产较高，总产量约占全国蚕豆总产的 14%。春播蚕豆种植区的特点是春播秋收，一年一熟。

（2）秋播区

蚕豆秋播种植区分为西南山地丘陵区、长江中下游区和南方丘陵区三个区域，播种面积占全国蚕豆播种总面积的 90%。西南山地丘陵产区主要包括四川、贵州、云南和陕西的汉中地区，面积约占全国蚕豆播种总面积的 42%；长江中下游产区主要包括上海、江苏、浙江、安徽、江西、湖北、湖南等省市，播种面积约占全国播种总面积的 37%；南方丘陵产区主要包括福建、广东和广西等省区。秋播区蚕豆种植方式差异较大，其中以西南水旱轮作区面积最大，主要为水稻的后作，冬季与大麦、小麦或者油菜轮作。

各省的蚕豆生产有关数据也没有官方统计数据，因此同样利用食用豆产业技术体系 2019、2020 年对食用豆主产省区市的调研数据对蚕豆主产区的生产情况进行分析。

根据 2020 年调研数据来看，我国鲜蚕豆主要产区为云南、江苏、重庆、贵州、四川、甘肃、安徽等省市，干蚕豆主要产区主要分布在甘肃、云南、江苏、四川、湖南、湖北、青海、重庆、河北等地区。

各省的蚕豆生产集中度计算方法：用所调研的蚕豆主产省的干蚕豆和鲜蚕豆产量分别占被当年调研地区干蚕豆和鲜蚕豆总产量的比率作为各省干蚕豆和鲜蚕豆的生产集中度指数。

2019、2020 年干蚕豆生产排名前五名的省份分别如表 4-10。

表 4-10　2019、2020 年干蚕豆生产优势区域前五位

2019 年			2020 年		
地区	产量（万吨）	生产集中度	地区	产量（万吨）	生产集中度
甘肃	37.12	0.202	甘肃	30.38	0.193
云南	32.36	0.176	云南	28.59	0.181
江苏	24.70	0.134	江苏	25.00	0.158
湖南	18.98	0.103	四川	17.15	0.109
四川	18.91	0.103	湖南	15.51	0.098

数据来源：根据食用豆产业体系 2019—2020 年主产区干蚕豆调研数据整理

从表 4-10 可看出，与 2019 年相比，2020 年甘肃、云南、四川干蚕豆产量均有所下降，江苏、湖南产量变化不大。

2019、2020 年鲜蚕豆生产排名前五名的省市分别如表 4-11。

表 4-11　2019、2020 年鲜蚕豆生产优势区域前五位

2019 年			2020 年		
地区	产量（万吨）	生产集中度	地区	产量（万吨）	生产集中度
云南	116.05	0.269	云南	126.6	0.343
重庆	80.50	0.186	江苏	71.5	0.194
江苏	60.00	0.139	重庆	61.6	0.167
贵州	50.40	0.117	贵州	55.9	0.152
安徽	45.00	0.104	四川	44.88	0.122

数据来源：根据食用豆产业体系 2019—2020 年主产区鲜蚕豆调研数据整理

从表 4-11 可看出，与 2019 年相比，2020 年云南、江苏、贵州鲜蚕豆产量均有所增长，重庆、安徽鲜蚕豆产量有所下降。云南鲜蚕豆生产保持着绝对领先地位。

5. 芸豆（菜豆）

同样，根据利用食用豆产业技术体系 2019、2020 年对食用豆主产省、区、市的历年调研数据计算各地区芸豆生产集中度指数，对我国芸豆主产区的生产情况进行分析。

根据 2020 年调研数据分析，我国芸豆主要产区为山东、黑龙江、内蒙古、贵州、云南、山西等地区。

各地的芸豆生产集中度指数计算方法：用所调研的芸豆主产地产量分别占当年调研地区芸豆总产量的比率作为各省菜豆的生产集中度指数。2019、2020 年芸豆生产排名前五名的省份如表 4-12。

从表 4-12 可看出，与 2019 年相比，2020 年山东省芸豆产量大幅上升，贵州、云南芸豆产量均有所上升，黑龙江芸豆产量大幅下降，江苏、湖南产量变化不大。

表 4-12　2019、2020 年芸豆生产排名前五名

2019 年			2020 年		
地区	产量（万吨）	生产集中度	地区	产量（万吨）	生产集中度
黑龙江	64.00	0.453	山东	126.62	0.558
内蒙古	26.25	0.186	黑龙江	33.60	0.148
贵州	14.79	0.105	内蒙古	23.25	0.103
云南	10.08	0.071	贵州	17.98	0.079
山西	7.50	0.053	云南	11.16	0.049

数据来源：根据食用豆产业体系 2019—2020 年主产区芸豆调研数据整理

参考文献

陈红霖，田静，朱振东，等，2021. 中国食用豆产业和种业发展现状与未来展望 [J]. 中国农业科学，
　　54（03）：493-503.

张蕙杰，2017. 我国优势特色重点农产品国内外市场竞争分析（食用豆）[R]. 北京.

·Chapter 5·

第五章

气候变化对食用豆生产的
影响分析

一、气候变化与食用豆生产

（一）食用豆生产所需的气候条件

1. 食用豆的种植范围相对较为广泛，中国大部分地方均可种植

蚕豆、豌豆、鹰嘴豆等冷季豆类既可以在北方早春播种、夏初收获，也可以在南方秋末播种、初春收获；菜豆、小豆、多花菜豆、利马豆、藕豆等暖季豆类则在南北方均可以春季播种、秋季收获；绿豆、藜豆、木豆、饭豆、黑吉豆等热季豆类在南北方均可以实现夏播夏收。因此食用豆的种植范围较为广泛，对不同的季节和生长条件适应性较强（宗绪晓和关建平，2003）。

2. 食用豆抗干旱能力较强，生长期相对较短

与其他粮食作物相比，食用豆的抗旱能力较强，农民中流传着"旱绿豆，涝小豆"的谚语，绿豆、小豆、蚕豆、豌豆和普通菜豆等二十多种主要分布在东北、华北、西北、西南的干旱半干旱地区以及高寒冷凉山区。此外，食用豆的生长期相对较短，因此在发生干旱等灾害时，种植食用豆能够起到"补灾"的作用，减少种植户的损失（郭永田，2014）。

3. 食用豆固氮作用强，对土壤水肥的需求相对较低

与根瘤菌共生，是食用豆类作物的一大共同生理特点。根瘤菌固定空气中的氮素，在与其共生的豆类作物的开花期固氮能力最强，可满足食用豆类作物所需氮素的 2/3，既可以供食用豆类作物利用，也能增加土壤中的氮素来源，因此食用豆类有"天然氮肥工厂"的美誉，这使得食用豆对土壤肥力要求不高。因此，在各种轮作制度中，食用豆类都是重要组成环节，对促进整个农业生产意义重大。

4. 食用豆对光照的需求存在差异，既有短日照类型又有长日照类型

根据对光周期的反应不同，食用豆形成了长日型和短日型两种生态类型。长日

型食用豆类品种有蚕豆、豌豆、鹰嘴豆、白羽扇豆、窄叶羽扇豆、小扁豆、山黧豆、葫芦巴等，短日型食用豆类有绿豆、更豆、木豆、饭豆、黑吉豆、藜豆、刀豆、四棱豆、普通菜豆、小豆、多花菜豆、利马豆、藕豆等（宗绪晓和关建平，2003）。

（二）食用豆主产区气候条件的变化

气候变化对农业生产的影响已得到学术界的普遍关注，学者对气候变化带来的影响进行了广泛的研究，气候变化影响农作物的产量（Hu Qi. et al.，2003；Wang Xuhui, et al.，2014；Gammans, et al.，2017；麻吉亮，2018）、种植制度和作物布局（杨晓光等，2010；赵俊芳等，2009；Cui Xiaomeng，2020a），还会造成农户的弃收行为（Cui Xiaomeng，2020b）。麻吉亮（2018）研究发现，生长期的平均气温对农户玉米种植意愿有负向影响，生产期累计降雨对农户玉米种植意愿显著正相关。在实际调研中发现，农户对气候变化的反应十分敏感，农户在决定蚕豆种植和绿豆种植时，一般会考虑种植前的气温、降雨等气候因素，因此本文选择播种初期最高气温、播种初期最低气温和播种初期平均降水量作为影响食用豆生产决策的气候因素，考察气候因素对食用豆生产决策的直接影响。

食用豆具有耐寒、耐旱、生育期短、适应性强、适应范围广等特点，还是缓解气候灾害对农业生产影响的重要调节作物，很多不适合大宗粮食作物种植的区域（边角地或者土质较差区域）、发生旱涝灾害后的区域，农户能通过及时补种食用豆减少极端天气导致的损失，从而起到"填闲补灾"的作用。

二、气候变化对食用豆生产的影响分析

（一）研究方法

本部分采用多水平模型，其目的是把随机误差项分解到各数据层次结构水平上，构建与数据层次结构相适应的随机误差项，从而有别于一般的多元线性回归

模型。通过多层模型分析，能够将结局测量中的变异分解为组内变异（within-group variance）和组间变异（between-group variance），因而可以研究结局测量在个体水平和组群水平相对变异情况。

食用豆种植农户的生产数据为分级结构，农户层次单位嵌套于地区层次单位之中，样本地区的农户既受到其自身特征的影响（个体效应），也受到其生活环境的影响，即环境背景效应（Pytrik et al.，2009），即食用豆种植农户的个体行为（包括生产决策）不仅受其本身特征的影响，还会受其所处的外部环境的影响。由于不同地区间存在着自然资源、种植技术等的不同，不同地区间存在一定差异，即食用豆生产决策有可能存在着显著的组间异质性；同时在同一地区内各种资源和技术又存在着基本一致的特点，所以，同一组内的个体与其他组的个体比较有更大的相似性，各组内的观察对象不是相互独立的，即存在组内相关。因此，在这种情况下，其违反了传统回归模型的基本假设，如果采用经典的最小二乘估计方法（OLS）可能会导致有偏的参数估计结果，其模型系数标准误估计产生偏倚，而采用多水平模型不需要假设数据中的观察相互独立，不仅可对个体水平和组群水平的数据同时进行分析，还可避免 Robinson 效应，确保估计结果具有更大可信性。

本部分把食用豆农户生产决策的主要影响因素分为两层，即农户层面（水平1）和地区层面（水平2）并运用多水平模型对种植户生产决策行为进行估计，其中水平1是指农户层面，水平2是指乡镇层面。分为两个水平层面的多水平模型（随机截距模型）形式可以设定为：

$$y_{ij} = \beta_{0j} + X_{ij}\beta_1 + e_{0ij} \tag{1}$$

$$\beta_{0j} = \beta_0 + \mu_{0j} \tag{2}$$

把（2）式代入（1）式并整理后，（1）式的右边可以表示为固定部分（$\beta_0 + X_{ij}\beta_1$）与随机部分（$\mu_{0j} + e_{0ij}$）之和，即：

$$y_{ij} = (\beta_0 + X_{ij}\beta_1) + (\mu_{0j} + e_{0ij}) \tag{3}$$

在（1）式中，j 表示水平2的各个地区（$j = 1, 2\cdots, n$），i 表示 j 地区所对应的水平1上的各个农户（$i = 1, 2, \cdots, m$）；y_{ij} 为 j 地区 i 农户的食用豆播种面积占耕地面积的比率；X_{ij} 为影响 j 地区农户食用豆生产决策的 k 个影响因素的行向量（$1 \times k$）；β_{0j} 为待估计参数 β_0 和水平2上的随机误差之和；β_1 为待估计参数

的列向量 $(k \times 1)$；e_{0ij} 是水平 1 上的随机误差项且假定：$E\ (e_{0ij})\ =0$，Var $(e_{0ij})\ =\sigma_{e_0}^2$。

在（2）式中，β_0 为平均截距；μ_{0j} 为水平 2 上的随机误差项，反映不同地区对 y 的随机效果，且假定：$E\ (\mu_{0j})\ =0$，$Var\ (\mu_{0j})\ =\sigma_{\mu_0}^2$。如果同时假定水平 1 上的残差与水平 2 上的残差相互独立，即 $Cov\ (\mu_{0j},\ e_{0ij})\ =0$，则因变量的方差为：

$$Var\ (y_{ik} \mid \beta_0,\ \beta_1,\ X_{ij})\ =Var\ (\mu_{0j}+e_{0ij})\ =Var\ (\mu_{0j})\ +Var\ (e_{0ij})\ +Cov\ (\mu_{0j}+e_{0ij})\ =\sigma_{\mu_0}^2+\sigma_{e_0}^2$$，组内观察的非独立性可由组内相关系数（Intra-Class Correlation Coefficient，ICC）来观测。ICC 被定义为组间方差与总方差之比：

$$ICC=\frac{\sigma_{\mu_0}^2}{\sigma_{\mu_0}^2+\sigma_{e_0}^2} \qquad (4)$$

在（4）式中，$\sigma_{\mu_0}^2$ 代表组内方差，即个体水平方差；$\sigma_{e_0}^2$ 代表组间方差，即组水平方差。ICC 的值在 0 到 1 之间，当组间方差相对于组内方差非常大时，ICC 值趋于 1。相反，当组内各个体间趋于相互独立时，ICC 值趋于 0，表示没有组群效应。根据一般经验，当 ICC 值大于 0.1 时，适合建立多水平模型进行数据分析。本部分绿豆和蚕豆估计的 ICC 值分别是 0.132 和 0.304，表明组内个体存在一定的群组效应，说明符合建立多水平模型估计的条件。

（二）农户对于气象保险购买意愿的选择

本部分主要采用的是 Probit 模型，假设食用豆种植户愿意购买天气指数保险需支付 S_i，食用豆种植户预期获得的收益 P_i。因此，农户是否愿意购买天气指数保险（Y），取决于食用豆种植户购买天气指数保险的支出与其预期可获得的收益的大小，即

$$Y=\begin{cases}1, & if \quad P_i \geqslant S_i \\ 0, & if \quad P_i < S_i\end{cases}$$

被解释变量（食用豆种植户是否愿意购买天气指数保险）受到食用豆种植户个体特征（X_1）、家庭特征（X_2）、土地经营特征（X_3）、外部环境（X_4）、食用豆种植户对气象的认知（X_5）、地理因素（X_6）等的影响。愿意，赋值为

1；不愿意，赋值为 0，被解释变量为二元选择变量，因此采用二元 Probit 模型分析食用豆种植户愿意购买天气指数保险的影响因素，实证模型为：

$$\mathrm{Prob}(y_i = 1 \mid X,\beta) = prob(P_i \geqslant S_i) = \beta_0 + \beta_1 X_1 + \beta_2 X_2 + \beta_3 X_3 +$$
$$\beta_4 X_4 + \beta_5 X_5 + \beta_6 X_6$$

（三）数据来源及统计描述

白城绿豆和大理蚕豆在国内食用豆生产中占据一定地位，白城绿豆是国家市场监督管理总局认证的地理标志产品，常年种植面积 120 万亩，年产量约 10 万吨，占全国总产量的 11%，出口量约 5 万吨，占全国绿豆出口量的 30% 以上[①]。白城也是我国绿豆的重要集散地，拥有全国较大的杂粮杂豆专业批发市场，食用豆产业发展程度较为深入。云南省是我国食用豆生产规模最大的省份，2018 年，云南省食用豆播种面积占全国食用豆播种面积的 16.53%，大理白族自治州（以下简称大理州）是云南蚕豆产量最大的一个地区，其蚕豆产量占云南蚕豆产量的 20% 以上，因此，本部分选择白城绿豆和大理州蚕豆作为研究对象，比较具有代表性。

本研究农户层面数据是通过 2018 年和 2019 年连续两年的农户调研获得。调研农户来自白城市和大理州，其中，大理州包括大理市、洱源县、弥渡县和祥云县 4 个县（市），白城市包括大安市、洮北区、洮南市、通榆县和镇赉县 5 个县（市区），共计 32 个乡（镇）和 66 个自然村。两年调研共收回问卷 938 份，其中有效问卷为 848 份，问卷有效率为 90.41%。样本分布情况见表 5-1。从样本的地区分布比例看，大理州和白城市各占样本总数的 45% 和 50%。样本的分布情况也反映了不同区县的食用豆（蚕豆和绿豆）种植规模，其中大理州的四个县（市）蚕豆种植规模相对较为均匀。而白城市的绿豆种植分布主要集中在洮南市和通榆县，其次是镇赉县和洮北区。

---

① 白城绿豆［BE/OL］．［2015-01-10］．http：//www.jlbc.gov.cn/zjbc_3289/mphc/ttcp/201612/t20161226_55166.html

表 5-1   调查样本的地区分布情况

市（地区）	县（市、区）	样本数	比例（%）
大理州	大理市	106	12.50
	洱源县	103	12.15
	弥渡县	94	11.08
	祥云县	85	10.02
白城市	大安市	30	3.54
	洮北区	41	4.83
	洮南市	146	17.22
	通榆县	178	20.99
	镇赉县	65	7.67
合计		848	100.00

地区层面的数据是指县级气候数据，来源于布瑞克数据库。气候数据为县级气象数据，选取调研地区县（市）的最高气温、最低气温和平均降水量，作为地区层面的气候数据。

表 5-2   变量描述性统计

类别	变量	单位赋值	绿豆				蚕豆			
			均值	标准差	最小值	最大值	均值	标准差	最小值	最大值
被解释变量	食用豆种植面积占耕地面积比率	%	0.379	0.249	0.007	1	0.592	0.321	0.009	1
地区层面：										
气候因素	决策前最高气温	℃	27.904	0.976	26.7	29.3	24.447	0.593	23.7	25.2
	决策前最低气温	℃	−6.063	1.368	−8.5	−4.5	7.827	2.131	4.5	11.5
	决策前平均降水量	毫米	0.459	0.496	0	1.7	72.211	50.842	9.6	144.8
农户层面：										
市场因素	上一年食用豆销售价格	元/斤	6.49	0.397	5.689	7.667	3.938	0.777	2.997	5.999
	上一年亩均生产成本	千元/亩	0.292	0.245	0.022	1.763	0.521	0.335	0.007	1.788
家庭条件	家庭人口数	人	3.459	1.138	1	8	5.013	1.437	2	10
	水浇地面积占耕地面积的比率	%	0.376	0.382	0	1	0.783	0.32	0	1
	工资性收入占总收入的比率	%	0.053	0.141	0	0.906	0.460	0.361	0	1.268

（续）

类别	变量	单位赋值	绿豆				蚕豆			
			均值	标准差	最小值	最大值	均值	标准差	最小值	最大值
个人特征	户主年龄	岁	48.274	9.574	21	74	52.229	9.354	29	87
	户主受教育水平	年份ᵃ	7.963	2.36	0	12	8.598	2.308	0	12

注：气候数据来源于布瑞克数据库，其中，由于白城市洮北区没有气候数据，因此洮北区气候数据使用与其纬度大致相同的大安市的气候数据。a：0＝文盲，6＝小学，9＝初中，12＝高中及其以上

1. 种植规模

调查样本中农户种植规模省际差异较大，其中绿豆种植户平均播种面积为40.05亩，蚕豆种植户平均播种面积为2.09亩。种植规模差异主要缘于两个地区土地资源禀赋不同，白城市农户每户平均耕地面积约为144.49亩，远大于大理州的5.76亩。绿豆和蚕豆种植面积占耕地面积的比率平均分别为38％和59％，可以看出，白城市绿豆生产具有较强的竞争性，蚕豆生产在大理州农户种植业经营中占有较高地位。

2. 气候因素

白城市和大理州生产决策前气候因素分析数据分别选择当年4月和10月的最高气温、最低气温和平均降水量。白城市绿豆播种时间从4月开始，收获季节在9月底和10月初，大理州蚕豆生产主要为秋播春收①，播种时间为10月中下旬，收获季节为次年4月和5月（收获干籽粒）。调研发现，农户生产决策会考虑气候因素的影响，例如4月若降雨充足，农户普遍选择种植玉米，反之，降水不足，农户会推迟农业生产，且选择种植绿豆这一耐旱的作物以应对干旱气候。2018年4月，白城市五个县（区）的最高气温为35.9～38.7℃，最低气温为-5.2～4.6℃；2019年4月，白城市五个县（区）的最高气温为36.1～39.7℃，最低气温为-8.5～6.3℃。可以看出，同一年份不同地区间生产决策前最高气温和最低气温的差异较小，2019年4月最高气温略高于2018年，最低气温略低于2018年。但是白城市不同地区的平均降水量差异较大，2018年4月镇赉县的平

---

① 大理州一年四季都可以种植蚕豆，蚕豆种植按季节一般分为三种类型：正季蚕豆，即秋播春收（小春蚕豆），10月播种次年5月收获干籽粒；反季蚕豆即夏播秋收，6月播种11月收获，是高寒山区蚕豆种植方式；冬早蚕豆，9月种，次年1月收鲜荚，是中低海拔温热区蚕豆种植方式。本文主要研究正季蚕豆种植

均降水量最多，为 495.3 毫米，比降水量最少的通榆县多 367.5 毫米；2019 年 4 月不同地区平均降水量的差值也有 389.5 毫米之多。降水的年际变化也较大，2019 年 4 月不同地区平均降水量约比 2018 年同期多 200 毫升。大理州不同地区 10 月的最高气温、最低气温和平均降水量的差异均较小。2018 年 10 月，大理州不同地区的最高气温为 29.3～32.2℃，最低气温为 -3.3～0.6℃，平均降水量 210.2～473.4 毫米，2019 年该数据分别为 27.8～30.9℃、-5.2～0.5℃ 、188.4～541.6 毫米。

3. 市场因素

市场因素主要包括上一年的食用豆销售价格和上一年亩均生产成本。由于 2018 和 2019 年食用豆销售价格和亩均生产成本差异较小，因此上一年食用豆销售价格用当年食用豆销售价格代替，上一年亩均生产成本用当年亩均生产成本代替。绿豆和蚕豆的平均销售价格分别为 6.49 元/公斤和 3.94 元/公斤。绿豆平均每亩的生产成本是 292.51 元，蚕豆平均每亩的生产成本 521.1 元，可以看出，绿豆的亩均生产成本远低于蚕豆，绿豆生产具有规模效益。从成本构成看，绿豆的种子、化肥、农药等物资成本占 50.45%，土地租金成本占 41.46%，人工成本仅占 5.08%，物资成本和土地租金成本占比相当。蚕豆的种子、化肥、农药等物资成本最高，合计占 71.41%，其次是人工成本，占 12.1%，土地租金成本仅占 4.62%。绿豆和蚕豆的成本构成有较大差异，这主要与两地区的种植条件有关，白城市农户普遍存在土地流转的行为，土地流转租金平均为 200 元/亩，户均耕地面积大，绿豆种植规模大，机械化程度高，有效减少了人工成本费用，而大理州蚕豆种植规模较小，土地流转水平低，机械化水平低，蚕豆生产成本主要构成为物资费用。

4. 家庭条件和个人特征

食用豆种植户户均家庭人口 4～5 人，户主受教育水平大都为初中水平，绿豆种植户户主平均年龄为 48 岁，蚕豆种植户户主平均年龄为 52 岁。由此可见，食用豆种植户户主的受教育水平有限，年龄较大。绿豆和蚕豆种植户水浇地占耕地面积的比率分别为 37.64% 和 78.26%，绿豆主要种植在旱地，而蚕豆生产的土地条件较好。绿豆和蚕豆种植户工资性收入占家庭总收入的比率分别为 5.3% 和 46%，可以推断，绿豆种植户的农业生产专业化程度高，而蚕豆种植户家庭的兼业化程度高，这与调研事实相符（表 5-3）。

表 5-3　气象感知数据的描述性分析

变量名称	变量定义	均值	标准误	最小值	最大值	VIF
因变量						
是否愿意购买天气指数保险	1=是；0=否	0.13	0.33	0	1	—
农户对气候变化的感知（近五年的情况感知）						
年平均气温的变化	1=升高；2=不变；3=降低	1.48	0.61	1	3	1.23
年平均降水的变化	1=增加；2=不变；3=减少	2.06	0.73	1	3	1.53
干旱发生的次数	1=增多；2=不变；3=减少	1.68	0.57	1	3	2.23
干旱严重程度	1=加重；2=不变；3=减轻	1.65	0.54	1	3	2.45
霜冻发生次数	1=增多；2=不变；3=减少	1.80	0.71	1	3	5.60
霜冻严重程度	1=加重；2=不变；3=减轻	1.75	0.70	1	3	6.78
种植关键期气候变化恶劣，农业生产减产	1=是；0=否	0.54	0.50	0	1	9.41
减产程度	0=没引起减产；1=非常严重；2=严重；3=不严重	1.11	1.13	0	3	6.69

注：平均 VIF＝2.74

三、气候变化影响食用豆农户的种植决策行为

（一）气候因素是农户进行食用豆生产决策的重要影响因素，且不同地区存在一定差异

本研究运用最大似然估计法（以下简称 ML）及限制性最大似然估计法（以

下简称 REML）对绿豆和蚕豆的多水平模型进行估计，最大似然估计和限制性最大似然估计的优点是具有大样本的性质：①一致性，随着样本量的增加，最大似然估计值逐渐趋向于参数真值；②渐进正态性，最大似然估计值呈一个以参数真值为中心的近似正态分布，因而使统计显著成为可能；③估计的似然函数可用模型拟合的评估和模型比较。限制性最大似然估计法又称为残差最大似然法，通常用于组数量较少的模型估计。其结果整理在表 5-4 中，这 4 个方程均通过了 1% 的显著性检验。从表 5-4 可以看出，运用 ML 和 REML 对绿豆多水平模型估计得到的 ICC 分别为 0.132 和 0.142，对蚕豆多水平模型估计得到的 ICC 分别为 0.304 和 0.327，根据一般经验，当 ICC 值大于 0.1 时说明存在不同水平的差异，因此多水平模型要优于 OLS 等模型。就 ML 估计方法而言，绿豆和蚕豆模型的 ICC 值表明水平 2 的方差比例在模型残差的总方差中分别占 13.2% 和 30.4%，远大于 0，如果运用 OLS 估计有可能会导致有偏差的参数估计，故应选择多水平模型估计。这一点也可以从与普通线性回归似然比（LR）检验中看出，4 个方程与普通线性回归的似然比检验在 1% 显著性水平下均显著，表明使用多水平模型比普通线性模型更好。同时，基于 AIC 准则，即 AIC 值越小模型的拟合度越好，由于用 ML 方法估计的多水平模型的 AIC 值比运用 REML 方法估计的 AIC 值要小，故主要针对运用 ML 方法的估计结果进行分析。

表 5-4　多水平模型的估计结果

项目	变量	绿豆		蚕豆	
		多水平模型（ML）	多水平模型（REML）	多水平模型（ML）	多水平模型（REML）
固定效果					
气候因素	播种初期最低气温	0.020	0.021	−0.043*	−0.044*
		(0.015)	(0.016)	(0.023)	(0.027)
	播种初期最高气温	0.033**	0.031*	0.013	0.005
		(0.016)	(0.018)	(0.041)	(0.042)
	播种初期平均降雨量	−0.070**	−0.064*	−0.001	−0.001
		(0.033)	(0.037)	(0.001)	(0.001)
市场因素	食用豆销售价格	0.069**	0.067*	−0.076	−0.083
		(0.033)	(0.037)	(0.061)	(0.069)
	上一年亩均生产成本	−0.177***	−0.178***	−0.088**	−0.089**
		(0.042)	(0.043)	(0.041)	(0.041)

（续）

项目	变量	绿豆		蚕豆	
		多水平模型（ML）	多水平模型（REML）	多水平模型（ML）	多水平模型（REML）
家庭条件	家庭人口数	−0.041***	−0.042***	−0.001	−0.002
		(0.010)	(0.010)	(0.010)	(0.010)
	水浇地面积占耕地面积的比率	−0.048*	−0.047*	0.149***	0.144***
		(0.027)	(0.028)	(0.048)	(0.048)
	工资性收入占总收入的比率	0.054	0.056	0.156***	0.156***
		(0.073)	(0.074)	(0.039)	(0.039)
个人特征	户主年龄	0.003**	0.003**	0.001	0.001
		(0.001)	(0.001)	(0.002)	(0.002)
	户主受教育水平	−0.002	−0.002	0.001	0.001
		(0.004)	(0.005)	(0.006)	(0.007)
	常数	−0.755	−0.693	0.695	0.931
		(0.522)	(0.567)	(1.126)	(1.180)
随机效果					
	水平2的方差	0.046	0.047	0.067	0.069
		(0.003)	(0.003)	(0.005)	(0.005)
	水平1的方差	0.001	0.002	0.021	0.029
		(0.001)	(0.001)	(0.010)	(0.016)
	组内相关系数（ICC）	0.132	0.142	0.304	0.327
	样本数（农户数）	460	460	388	388
	Chi-square	118.804***	107.193***	40.395***	38.189***
	Akaike crit.（AIC）	−73.258	12.796	106.676	193.105

注：***、**和*分别表示1％、5％和10％统计显著性水平；括号内数值为标准误差

气候因素是农户进行食用豆生产决策的重要影响因素，但不同地区存在一定的差异。

白城绿豆生产主要考虑绿豆"填闲补灾"的作用，在恶劣气候条件下选择种植绿豆，以降低损失，保证基本收入。在白城地区，生产决策前的最高气温和生产决策前的平均降水量会显著影响绿豆种植农户的决策。生产决策前的高温会促进农户增加绿豆的种植（在5％的显著水平下），即最高温度增加1％，农户的绿豆种植面积比率增加0.53％。白城农户种植绿豆更多的是从"填闲补灾"的角度考虑，如果播种期4月份的最高温度过高，不适合种植玉米，则会选择种植绿豆

来作为补灾作物。生产决策前的平均降水量对绿豆生产决策产生负面影响，即降水量越高则绿豆种植面积会越低，从弹性角度看，平均降水量增加 1%，绿豆种植面积则减少 0.09%。从调研情况看，绿豆和玉米存在一定的替代关系，根据调研数据，玉米每亩收益为 450 元，绿豆每亩收益是 500 元，但是由于玉米种植机械化程度更高，劳动力投入相对较低，因此农户更愿意种植玉米。如果玉米播种期（4 月）的降水量较高，玉米成活率高，则农户更倾向于种植玉米，反之，当降水量达不到玉米播种的要求，则农户就会更多选择种植绿豆，模型的估计结果很好地说明了这点，绿豆"填闲补灾"的功能更加显著。

大理蚕豆生产决策会考虑最低气温对蚕豆生产期的影响，选择合适时间种植，以保障蚕豆产量。在大理地区，生产决策前的最低气温会显著影响蚕豆种植农户的决策，降水量对种植户的生产决策不具有统计显著性。生产决策前的低温会降低农户种植蚕豆的积极性（在 10% 的显著水平下），即最低温度增加 1%，农户的蚕豆种植面积占耕地面积比率减少 1.78%。小春蚕豆播种过早，病害严重，开花结荚正值重霜期，易受霜冻害[①]。若生产决策前的低温较高，蚕豆发芽成长较快，农户预计开花结荚期会赶上重霜期，为了保证开花和结荚率，农户会减少蚕豆种植。生产决策前的平均降水量对蚕豆生产决策不具有统计显著性。统计数据显示，大理四个调研地区 2018 年 10 月份平均降水量为 210.2～473.4 毫米，2019 年 10 月平均降水量为 188.4～541.6 毫米，可以看出蚕豆种植地区生产决策前降水量较为充沛且年际间比较稳定，可以满足蚕豆种植需要，因此降水量不是蚕豆生产决策考虑的主要因素。

（二）食用豆种植户的气象感知显著影响其购买天气指数保险的意愿

具体来说，食用豆种植户感知到近五年的年平均气温升高，越感知到年降水量增多，干旱次数增多，霜冻次数增多，霜冻程度加重，农业生产因气候变化恶劣减产，减产程度越严重，越愿意购买天气指数保险。

---

① 反季蚕豆栽培技术［BE/OL］.［2017-03-18］. https：//ask.pig66.com/q-MTQyOA-MzMwNzcy-1.html

（三）食用豆种植户的个体特征、家庭特征、土地经营特征等显著影响其购买天气指数保险的意愿

食用豆种植户的个体特征（村干部身份）、家庭特征（兼业户和家庭人口数）以及土地经营特征（是否有专门的食用豆贮藏场所）等也对其购买天气指数保险产生显著影响。

食用豆种植户的身份对其购买天气指数保险的意愿产生显著影响，如果食用豆种植户是村干部，则其愿意购买天气指数保险的概率将平均增加 0.43。兼业的食用豆种植家庭，更愿意购买天气指数保险，可能的原因是兼业增加了家庭的收入，从而为购买天气指数保险提供了购买力；且兼业家庭中家庭成员有外出打工的经历，更愿意接受新事物，从而愿意购买天气指数保险。以上两种情况为正向影响。而是否有专门的食用豆贮藏场所则对食用豆种植户购买天气指数保险产生负向显著影响。

（四）食用豆生产在一定程度上承载着生态环境保护的作用

如蚕豆，其种植规模小，生产决策还要考虑自家饮食消费需求。在大理地区，蚕豆的种植历史悠久，可替代农作物较少，种植面积小，生产投入相对较少，属于节约劳动力的作物。调研发现，蚕豆生产过程较其他作物简单，用工量相对较少，在生产过程中，蚕豆自身的固氮作用，使得其化肥需求量小，农户会选择不施化肥，甚至也不打农药，从而节约了生产管理环节的劳动力投入，既可以满足当地饮食需要，又可以节约劳动力从事非农生产，故蚕豆生产在一定程度上还承载着生态环境保护的作用。

（五）食用豆生产成本、家庭人口数影响农户种植意愿

除气候因素外，食用豆市场化、专业化程度不同，农户对食用豆价格敏感程度不同，但对食用豆生产成本都比较敏感，家庭人口越少的农户越愿意种植食用豆。

研究还发现，绿豆的销售价格对其生产决策的影响有正向作用，而蚕豆的销售价格对其生产决策的影响并不显著。农户对绿豆价格的反应较为敏感，绿豆价格越高，农户越倾向于种植绿豆。绿豆生产机械化程度高，主要用于销售，市场化程度高，因此农户生产决策对绿豆价格较敏感；而蚕豆的机械化水平低，产量少，还是当地饮食结构的重要组成部分，生产的重要目的之一是满足自家食用需求，市场化程度相对较低，蚕豆种植户生产习惯更加稳定，不会因为价格变化而轻易调整播种面积，因此说农户生产决策受蚕豆价格影响不大。亩均生产成本对两种食用豆生产决策均有显著负向影响，即食用豆生产成本越低，农户越愿意种植食用豆。

家庭人口数越少的农户越愿意种植食用豆，食用豆是既可以满足家庭农业收入，又有利于农户从事非农生产的作物。家庭人口数对绿豆的生产决策具有显著的影响，且系数符号为负；家庭人口数对蚕豆生产决策的影响虽然不显著，但系数符号也为负，表明家庭人口越少的农户越愿意种植食用豆，家庭人口越多的农户越不愿意种植食用豆。

工资性收入占总收入的比例代表兼业化程度，工资性收入占总收入的比例越高，在一定程度上表明兼业化程度越高。

户主年龄对绿豆生产决策有显著正向影响，对蚕豆生产决策影响不显著。

表 5-5   食用豆种植户采纳气象预测技术推送的气象资讯愿意的影响因素

模型 指标	是否愿意购买天气指数保险					
	OLS 模型		Probit 模型			
	系数	稳健标准误	系数	稳健标准误	dy/dx	Delta S. E.
户主个体特征						
性别	0.06	0.04	0.60	0.48	0.09	0.07
年龄	−0.00	0.00	−0.01	0.01	−0.00	0.00
受教育程度	−0.00	0.02	−0.05	0.10	−0.01	0.01
村干部	0.47***	0.15	2.82***	0.72	0.43***	0.11
家庭特征						
农户类型：纯农户	0.08	0.05	0.96	0.62	0.15	0.10
兼业户	0.11**	0.05	1.21*	0.63	0.19*	0.10

（续）

	是否愿意购买天气指数保险					
模型	OLS 模型			Probit 模型		
指标	系数	稳健标准误	系数	稳健标准误	dy/dx	Delta S. E.
五保户	0.05	0.14	0.44	0.51	0.07	0.08
家庭人口数	−0.03*	0.02	−0.22**	0.10	−0.03**	0.01
上一年的年总收入	0.00	0.00	0.00	0.00	0.00	0.00
土地经营特征						
经营耕地总面积	0.01	0.01	0.04	0.02	0.01	0.00
承包地的灌溉条件	−0.00	0.02	−0.02	0.14	−0.00	0.02
转入地的灌溉条件	−0.01	0.01	−0.08	0.06	−0.01	0.01
是否有专门贮藏食用豆的场所	−0.09*	0.05	−0.52**	0.25	−0.08**	0.04
外部环境						
是否得到过食用豆生产技术服务	−0.01	0.04	0.14	0.20	−0.02	0.03
是否参加食用豆合作社	0.06	0.08	0.29	0.33	0.04	0.05
农户对气候变化的感知（近五年的情况感知）						
年平均气温的变化	−0.06**	0.03	−0.39*	0.21	−0.06*	0.03
年平均降水的变化	−0.06**	0.03	−0.40***	0.14	−0.06***	0.02
干旱发生的次数	−0.08*	0.04	−0.61**	0.24	−0.09***	0.04
干旱严重程度	0.03	0.05	0.23	0.26	0.03	0.04
霜冻发生次数	−0.15***	0.05	−0.69**	0.28	−0.11***	0.04
霜冻严重程度	0.17***	0.05	0.81***	0.29	0.12***	0.04
种植关键期气候变化恶劣农业减产	0.27**	0.11	1.25**	0.55	0.19**	0.08
减产程度	−0.07*	0.04	−0.36*	0.19	−0.05*	0.03
县城虚拟变量	控制		控制		控制	
常数	0.21	0.21	−4.91***	1.32	—	—
	$F_{(29, 400)} = 2.70$；$R^2 = 0.18$			Wald chi2 (29) $= 635.50$；$R^2 = 0.26$		

注：*、**、***分别表示在10%、5%和1%水平上显著

（六）小结

1. 个体特征

食用豆种植户村干部身份对其购买天气指数保险的意愿产生了正向显著影响，且通过了 1‰ 的显著性水平检验。从该变量的边际效应来看，保持其他变量不变的情况下，如果食用豆种植户是村干部，则其愿意购买天气指数保险的概率将平均增加 0.43。这与汤颖梅等（2020 年）的研究结果较一致。其他食用豆种植户的个体特征，如性别、年龄以及受教育程度等变量并没有对其购买天气指数保险意愿产生显著影响。可能的原因是样本农户的受教育程度较低，样本均值仅为 2.67，介于小学与初中文化水平之间。

2. 家庭特征

兼业的食用豆种植家庭更愿意购买天气指数保险，可能的原因是兼业增加了家庭的收入，从而为购买天气指数保险提供了购买力；兼业家庭中家庭成员有外出打工经历的更愿意接受新事物，从而愿意购买天气指数保险。然而，家庭总人口数对食用豆种植户天气指数保险的购买意愿产生负向显著的影响。这与周应恒和吴丽芬（2012 年）的研究一致，他们得出"家庭人口越多，购买低碳产品的意愿越低"的结论。

3. 土地经营特征

是否有专门的食用豆贮藏场所对食用豆种植户购买天气指数保险产生负向显著影响。与大宗粮食作物相比，食用豆具有耐贮藏、不易腐烂的特点。如果有食用豆的贮藏场所，食用豆种植户就不必着急出售，可以等待食用豆价格合适时再出售，这样可能对食用豆生产的投资也不会再加大，从而不愿意购买天气指数保险。

4. 外部环境特征

是否得到食用豆生产技术服务和是否加入食用豆合作社两个变量均未对食用

豆种植户购买天气指数保险的意愿产生显著的影响。

5. 对气候变化的感知变量特征

食用豆种植户在进行天气指数保险购买决策时，首先要对近年来当地的气候变化有个基本的认知。本部分设计八个相关问题获取食用豆种植户对近五年来气候变化的认知程度，如年平均气温的变化、年均降水量的变化、干旱发生的次数、干旱严重程度、霜冻发生次数、霜冻严重程度、种植关键期恶劣气候是否造成农业减产、减产的严重程度等。本部分调研的预期为食用豆种植户对气候变化的认知程度越高，愿意购买天气指数保险的概率越高。实证结果表明，该变量与预想结果相符，除了干旱严重程度变量以外，其他的七个变量均对食用豆种植户购买天气指数保险产生显著的影响。食用豆种植户感知到近五年的年平均气温升高，越感知到年降水量增多、干旱次数增多、霜冻次数增多，以及霜冻程度加重、农业生产因气候变化恶劣减产，减产程度越严重，越愿意购买天气指数保险。

四、相关结论与政策建议

食用豆种植户生产决策对气候因素敏感，食用豆生产在填闲补灾中起到重要作用，要加强研发投入，提高食用豆的抗干旱、病虫害等风险的能力。建议国家和食用豆优势产区政府加大对食用豆的研发投入，开展食用豆主产区主推品种和主推技术筛选工作。良种是推动食用豆产业发展的利器，要提升食用豆种业能力，可通过加强食用豆新品种良种繁育基地建设，适当培育种子和加工的龙头企业，加速推广食用豆新品种。在食用豆生产上，要重视普及成熟的规模化、标准化、机械化等高产、高效、轻简化配套生产技术，重视农药化肥控施理念与技术的普及推广，提高产品特别是鲜食食用豆产品的安全性，满足市场对食品安全的需求。

通过多方式多渠道的宣传及学习，提升食用豆种植户对气象变化的感知。各级政府、农村社区及公益组织等可通过多方式（公益宣传片、教育培训等）多渠道（线上线下、网络电视手机、书籍宣传册等）宣传气象变化对食用豆种植的影响，提高食用豆种植户对气候变化的感知，从而强化其风险管理意识，进而提高食用豆种植户购买天气指数保险的意愿。食用豆种植户的村干部身份、兼业户等特征提示我们农户偏好村干部推销天气指数保险，村干部身份以及兼业户等都为食用豆农户接触新事物提供了便利条件，有利于农户了解天气指数保险信息，减少信息不对称，提升保险合同的透明度，提高食用豆种植户的需求和购买意愿。

参考文献

陈泽育，凌远云，李文芳，2008. 农户对农业保险支付意愿的测算及其影响因素的分析——以湖北省兴山县烟叶保险为例 [J]. 南方经济（07）：34-44.

程静，陶建平，2011. 干旱指数保险支付意愿研究——基于湖北省孝感市的实证分析 [J]. 技术经济与管理研究（08）：104-107.

程须珍，王述民，2009. 中国食用豆类品种志 [M]. 北京：中国农业科学技术出版.

仇焕广，栾昊，李瑾，等，2014. 风险规避对农户化肥过量施用行为的影响 [J]. 中国农村经济（03）：85-96.

储小俊，曹杰，2012. 天气指数保险研究述评 [J]. 经济问题探索（12）：135-140.

崔维军，杜宁，李宗锴，等，2015. 气候变化认知、社会责任感与公众减排行为：基于 CGSS 2010 数据的实证分析 [J]. 软科学，29（10）：39-43.

戴晓霞，2010. 发达地区农村居民生活垃圾管理支付意愿研究 [D]. 杭州：浙江大学.

冯文丽，2004. 我国农业保险市场失灵与制度供给 [J]. 金融研究（04）：124-129.

傅翠真，李安智，张丰德，等，1991. 中国食用豆类营养品质分析研究与评价 [J]. 中国粮油学报（04）：8-11、20.

盖钧镒，金文林，1994. 我国食用豆类生产现状与发展策略 [J]. 作物杂志（04）：3-4.

龚瑾，2013. 芸豆主产区农户种植行为及效益研究 [D]. 北京：中国农业科学院，28.

郭永田，2014. 中国食用豆产业的经济分析 [D]. 武汉：华中农业大学.

郭永田，2014. 我国食用豆消费趋势、特征与需求分析 [J]. 中国食物与营养，20（06）：50-53.

何子阳，李玉珠，1993. 农产品价格与农户经济行为的个案分析 [J]. 调研世界（03）：28-33.

胡继亮，2009. 中部农户粮食种植行为的影响因素探析——基于湖北省农户的调查 [J]. 经济前沿（10）：49-57.

金文林，1995. 小豆品质性状研究进展［J］. 北京农学院学报，10（02）：94-103.

孔祥智，方松海，庞晓鹏，等，2004. 西部地区农户禀赋对农业技术采纳的影响分析［J］. 经济研究（12）：85-95＋122.

雷娜，赵邦宏，杨金深，等，2007. 农户对农业信息的支付意愿及影响因素分析——以河北省为例［J］. 农业技术经济（03）：108-112.

李福夺，李忠义，尹昌斌，等，2019. 农户绿肥种植决策行为及其影响因素——基于二元 Logistic 模型和南方稻区 506 户农户的调查［J］. 中国农业大学学报 24（09）：207-217.

李维，2010. 农户水稻种植意愿及其影响因素分析——基于湖南资兴 320 户农户问卷调查［J］. 湖南农业大学学报（社会科学版），11（05）：7-13.

李玉勤，2010. 杂粮种植农户生产行为分析——以山西省谷子种植农户为例［J］. 农业技术经济（12）：44-53.

梁洪秋，安静，1988. 食用豆类种子蛋白研究初报［J］. 作物学报，14（02）：117-123.

梁增芳，肖新成，倪九派，2014. 三峡库区农村生活垃圾处理支付意愿及影响因素分析［J］. 环境污染与防治，36（09）：100-105＋110.

林刚，姜志德，2010. 农户对生活垃圾集中处理的支付意愿研究：基于白水县的农户调研数据［J］. 生态经济（学术版），（01）：351-355.

刘克春，2010. 粮食生产补贴政策对农户粮食种植决策行为的影响与作用机理分析——以江西省为例［J］. 中国农村经济，（02）：12-21.

刘立波，王馨玮，高建成，2018. 河北省张家口市农户农业保险支付意愿调查研究［J］. 现代商贸工业，39（16）：71-73.

刘威，2013. 种粮农户的信息需求与信息支付意愿分析——基于粮食主产区的调查数据［J］. 技术经济，（09）：72-78、130.

刘莹，王凤，2012. 农户生活垃圾处置方式的实证分析［J］. 中国农村经济，（03）：88-96.

刘泽莹，韩一军，2019. 种麦农户行为选择：来自价格、政策和非农就业的综合响应检验［J］. 华中农业大学学报（社会科学版），（04）：63-71、172.

吕开宇，俞冰心，邢鹂，2013. 新阶段的粮农生产决策行为分析——粮价上涨对非贫困和贫困种植户的影响［J］. 中国农村经济，（09）：31-43.

麻吉亮，孔维升，陈永福，2015. 气候因素对玉米单产影响的实证分析：基于河北农户数据［J］. 农业技术经济，（04）：19-25.

苗珊珊，陆迁，2013. 粮农生产决策行为的影响因素：价格抑或收益［J］. 改革，（09）：26-32.

潘勇辉，2008. 蕉农对香蕉保险的支付意愿分析和支付能力测度——来自海南省 1167 户蕉农的经验证据［J］. 中国农业科学，41（11）：3596-3603.

彭婵娟，龙怡，周磊，等，2016. 我国农户粮食供给反应研究——基于双季稻主产省的实证 [J]. 经济研究参考，（20）：87-92.

施园园，赵华甫，郧文聚，等，2016. 基于选择试验法的北京市城乡居民耕地保护支付意愿研究 [J]. 水土保持通报，36（05）：178-184.

孙香玉，吴冠宇，张耀启，2016. 传统农业保险与天气指数保险需求：替代还是互补 ——以新疆棉花农业保险为例 [J]. 南京农业大学学报（社会科学版），（05）：116-126、157.

孙香玉，吴冠宇，张耀启，2016. 传统农业保险与天气指数保险需求：替代还是互补? ——以新疆棉花农业保险为例 [J]. 南京农业大学学报（社会科学版），16（05）：116-126、157.

唐旭，张越，方向明，2018. 农村居民生活垃圾收运费用与支付意愿研究——基于全国五省的调查 [J]. 中国农业大学学报，（08）：204-211.

田文勇，张会犇，黄超，等，2016. 农户种植结构调整行为的影响因素研究——基于贵州省的实证 [J]. 中国农业资源与区划，37（04）：147-153.

王济川，谢海义，姜宝法，2008. 多层统计分析模型——方法与应用 [M]. 北京：高等教育出版社 .

王静，沈月琴，朱臻，等，2010. 公众对森林碳汇服务的认知与支付意愿分析 [J]. 浙江林学院学报，27（06）：910-915.

王姝娟，薛建宏，2014. 农村居民固体废弃物治理服务支付意愿研究：以河北省魏县为例 [J]. 世界农业，14（07）：180-184.

王姝娟，2014. 农村居民固体废弃物治理服务支付意愿研究 [D]. 杨凌：西北农林科技大学 .

王秀东，王永春，2008. 基于良种补贴政策的农户小麦新品种选择行为分析——以山东、河北、河南三省八县调查为例 [J]. 中国农村经济，（07）：24-31.

王亚坤，王慧军，杨振立，2016. 我国谷子种植户持续种植意愿的影响因素研究 [J]. 中国农业资源与区划，37（02）：96-102.

王振军，2014. 不同保险方式下农户购买农业保险的意愿分析——陇东黄土高原区 524 户农户问卷调查 [J]. 兰州大学学报（社会科学版），（02）：132-138.

望晓东，魏玲，2015. 耕地生态价值支付意愿的影响因素实证研究——基于武汉市的实地调查 [J]. 生态经济，31（08）：121-124.

魏同洋，杨勇，2020. 新型农业经营主体农业信息需求及付费意愿实证分析——基于全国 8 省（市、区）的调查 [J]. 江苏农业科学，48（15）：13-18.

吴建，2012. 农户对生活垃圾集中处理费用的支付意愿分析：基于山东省胶南市、菏泽市的实地调查 [J]. 青岛农业大学学报（社会科学版），24（02）：27-31＋41.

吴连翠，蔡红辉，2010. 粮食补贴政策对农户种植决策行为影响的实证分析——基于安徽省 17 个地市 421 户农户的调查数据 [J]. 经济与管理，24（07）：33-38.

武玉环，2017. 绿豆主产区农户生产决策行为研究 [D]. 北京：中国农业科学院：25.

肖洪安，陶丽，2008. 农户对市场信息的需求意愿及影响因素探析——基于四川省雅安市雨城区的调查 [J]. 农业经济问题，（09）：40-44.

杨庆媛，陈展图，信桂新，等，2018. 中国耕作制度的历史演变及当前轮作休耕制度的思考 [J]. 西部论坛，28（02）：1-8.

杨晓光，刘志娟，陈阜，2010. 全球气候变暖对中国种植制度可能影响Ⅰ. 气候变暖对中国种植制度北界和粮食产量可能影响的分析 [J]. 中国农业科学，43（02）：329-336.

杨志武，钟甫宁，2011. 农户生产决策研究综述 [J]. 生产力研究，（09）：209-211.

余洋，2013. 基于保障水平的农业保险保费补贴差异化政策研究——美国的经验与中国的选择 [J]. 农业经济问题，（10）：29-35.

袁亚林，孔荣，2010. 西部农户天气保险购买意愿及其影响因素差异——基于陕甘两个典型农业区实地调查的比较分析 [J]. 贵州财经学院学报，14（05）：81-86.

张贝倍，王善高，周应恒，2020. 新形势下水稻价格下降对农户生产决策的影响——基于种植结构、品质调整、要素投入的视角 [J]. 世界农业，（03）：72-81.

张蕙杰，郭永田，周俊玲，王述民，程须珍，2012. 近年绿豆价格波动的成因分析 [J]. 农业经济问题，33（04）：30-34.

张建杰，2008. 粮食主产区农户粮作经营行为及其政策效应——基于河南省农户的调查 [J]. 中国农村经济，（06）：46-54.

张明杨，陈超，谭涛，等，2014. 中国农户玉米播种面积决策的影响因素分析 [J]. 南京农业大学学报（社会科学版），14（03）：37-43.

张森，徐志刚，仇焕广，2012. 市场信息不对称条件下的农户种子新品种选择行为研究 [J]. 世界经济文汇，（04）：74-89.

赵俊芳，杨晓光，刘志娟，2009. 气候变暖对东北三省春玉米严重低温冷害及种植布局的影响 [J]. 生态学报，29（12）：6544-6551.

赵新华，徐永青，2016. 林农保险支付意愿的实证分析及补贴水平研究——基于山东省的调查分析 [J]. 金融理论与实践，（06）：88-91.

郑淋议，刘琦，钱文荣，2018. 农户生活垃圾治理支付意愿的实证分析——来自鲁皖渝的证据 [J]. 农业现代化研究，（05）：828-835.

周俊玲，张蕙杰，2018. 世界食用豆主要出口国国际竞争力的比较分析 [J]. 中国食物与营养，24（10）：46-50.

周应恒，吴丽芬，2012. 城市消费者对低碳农产品的支付意愿研究——以低碳猪肉为例 [J]. 农业技术经济，（08）：4-12.

朱慧，张新焕，焦广辉，等，2012. 三工河流域油料作物的农户种植意愿影响因素分析——基于 Logistic 模型和 240 户农户微观调查数据 [J]. 自然资源学报，27（03）：372-381.

邹彦，2010. 农户对生活垃圾集中处理的支付意愿研究 [D]. 杨陵：西北农林科技大学.

Chapter 6

第六章

食用豆生产技术效率研究

一、 技术效率与食用豆生产

（一）农业生产技术效率

1. 农业生产技术效率的内涵

农业技术效率是指在农业生产过程中，对农业技术进步的发挥和利用带来的生产率的增长。如果从产出角度定义，农业技术效率就是在给定的农业生产投入要素（土地、劳动力、资本）下，农业生产的实际产出与最理想的可能产出之间的距离，距离越大说明农业技术效率损失越多；反之，说明农业技术效率越高。农业技术效率的提高是农业增长的重要源泉，如果农业生产技术效率较低，则需要采用控制效率限制因素的措施，来实现农业经济的增长。

从资源利用的角度来说，效率由资源配置效率和生产技术效率两部分组成。配置效率是在现有条件下，为达到投入最小化或者产出最大化，各种资源得到最佳配置比例的能力。而生产技术效率是指在已有的投入要素组合下，在技术的稳定使用过程中，技术的生产效能发挥的程度。可见技术效率的高低，一方面反映了技术的推广应用程度，还反映了技术进步的速度以及经济增长的质量。

研究农业技术效率时，不仅需要了解各地区的效率水平，更重要的是对各种影响农业技术效率的因素（如经济因素、社会因素和自然因素等）进一步分析，这些因素中有些是可控的，有些是不可控的。研究效率影响变量对技术效率的相互作用机制，可以分辨出在农业生产中对提高农业技术效率起积极促进作用和阻碍作用的因素，进而通过调整进一步挖掘效率正面影响因素的潜力，减少对农业技术效率起负面作用的因素的影响，为提升农业产业技术效率，促进农业健康发展提供理论依据。

2. 农业生产技术效率相关研究

目前针对我国农作物生产技术效率的研究比较广泛。研究农作物覆盖水稻、玉米、小麦、棉花、大豆、杂粮、花生、苹果、葡萄、猕猴桃等。学者们对于技术效率的影响因素开展了很多分析研究，如司伟、王济民分析了 1983—2007 年中国大豆生产全要素生产率、技术效率和技术进步的变动趋势，认为中国大豆生产技术效率在时间维度上没有明显提高，在空间维度上呈现出显著的区域差异，在各项投入要素中，劳动和化肥投入是大豆单产增长的最主要贡献因素；王善高、薛超、徐章星等人研究大豆主产地的技术效率发现，中国 10 个大豆主产区大豆种植技术效率均值为 0.862，处在相对较低水平，大豆市场价格、种植技术、种植规模、地区种植结构、灾害发生率等会显著影响大豆种植技术效率；周曙东、王艳等研究了全国 19 个地区的花生种植户的调查数据，发现花生种植年数、是否花生生产示范户、种植规模、参加培训的次数和花生商品率对花生种植户生产技术效率有显著的正向效应；杨万江、李琪基于全国 12 个地区的农户调研数据，利用随机前沿模型分析了新型经营主体生产性服务对农户水稻生产技术效率的影响，发现新型经营主体生产性服务能够显著提升稻农的技术效率，但不同稻作环节的服务对不同规模农户技术效率的影响存在差异。

关于农作物经营规模对农作物技术效率的影响方面的研究较多。刘天军、蔡起华研究了陕西省猕猴桃生产基地不同经营规模的农户技术效率，发现不同经营规模农户的生产技术效率分布存在明显差异，经营规模的扩大对农户生产技术效率有显著的正向影响；李凡凡、孙洪武等研究了规模经营对鲜食葡萄农户生产技术效率的影响，发现与小农户相比，中等适度规模化种植模式对葡萄种植户的生产技术效率具有显著正向影响，但大规模葡萄种植户的生产技术效率未见显著差异；Ahmad、Villano 和 Fleming 运用随机前沿生产函数分别测算了巴基斯坦小麦和菲律宾水稻的生产技术效率，结果表明农场经营规模越大，农户生产技术效率越高；孙艳等也发现技术效率与经营规模正相关。而另一部分学者则认为技术效率与经营规模二者呈现非线性关系。金福良等分析了中国 1 707 个农户的冬油菜技术效率时发现，油菜种植规模与农户技术效率呈 U 形发展趋势，即规模效率随着规模的增加呈现先上升后下降的态势；贾琳和夏英测算玉米种植规模效率，发现经营规模与农户生产技术效率呈现"倒 U 形"趋势，该结论与刘七军和李昭楠、屈小博等人的研究结果相似；薛文田、周宇等分析了不同经营规模农户杂粮生产技术效率，发现农户总体的杂粮生产技术效率处于低效率水平，技术效率随经营规模增大而增大，杂粮生产存在规模效应等。

关于农机社会化服务对粮食生产技术效率的影响，有观点认为农户采用农机社会化服务对其技术效率存在显著的正向影响，如杨思雨、蔡海龙等研究了农机社会化服务对小麦生产技术效率的影响，发现农机社会化服务有助于提升中国小麦种植户技术效率，但受限于农户规模。也有学者从劳动分工视角分析，认为农机社会化服务对农业生产可能存在效率损失。

可见，上述研究针对水稻、小麦、玉米、大豆等作物的研究较多，已有的农作物生产技术效率影响因素分析相关研究表明，农业生产技术效率与农户的年龄、文化程度等家庭禀赋条件、种植规模、是否接受了技术服务、要素配置情况、机械化程度、管理水平均可能有关。这些研究为提高农作物生产技术效率提供了理论参考依据。导致技术效率研究结论产生差异的原因除了作物品种差异和区域异质性外，还在于技术效率的测算方法的选择以及对效率影响因素变量的界定，此外，未剔除环境因素和随机因素的影响直接测算技术效率，也可能导致结果产生一定偏差。

（二）食用豆生产技术效率

1. 食用豆生产技术效率

由此类推，从产出角度定义，食用豆生产技术效率就是在给定的食用豆生产投入要素（土地、劳动力、生产资料等）下，食用豆生产的实际产出与最理想的可能产出之间存在距离，距离越大说明食用豆生产技术效率损失越多；反之，说明食用豆生产技术效率越高。

食用豆生产技术效率对食用豆生产具有重要影响，技术效率提升有利于提高食用豆的增产潜力。

根据文献调研发现，目前针对杂粮杂豆生产技术效率的研究较少。从已发表文献来看，有少数学者研究了杂粮生产技术效率，目前没有关于食用豆生产技术效率的相关研究。我国食用豆种类繁多，生产环境条件差异较大，食用豆生产技术效率一定程度上反映出各地区食用豆在既定的投入（产出）水平下可以增加产出或减少投入的能力，技术效率变化会引起单产变化，基于技术效率测算研究对于考察我国食用豆生产技术效率，提高我国食用豆的增产潜力具有重要意义。

本文以国家食用豆产业技术体系在部分食用豆试验站固定观察点的农户调研数据为支撑，从微观层面分析不同地区食用豆生产技术效率水平以及区域间技术效率差异情况，并探查可能影响食用豆生产技术效率的影响因素，为提高食用豆主产地区尤其是贫困地区食用豆生产技术效率以及单产增长潜力提供理论参考。

2. 食用豆生产技术效率测定方法

技术效率分析方法已有较为成熟的研究基础和广泛的应用。测量技术效率的研究方法主要有两种，一种是非参数方法，一种是参数方法。测量技术效率的非参数方法——数据包络分析方法（Data Envelopment Analysis，简称 DEA），该方法属于线性规划模型方法，DEA 方法是假定各生产单位具有相同类型的投入和产出前提下，根据构造生产投入可能集，通过分析每个生产单元（也称为决策单元，DMU）的投入和产出，运用线性规划方法确定有效的生产前沿面，每个生产单元与生产前沿面的距离便代表技术效率的高低。如果被估计的样本在生产前沿面上，则技术效率值为 1，如果样本在生产可能集内部，则技术效率值小于 1。DEA 方法分析多投入、多产出问题具有优势，不需构造生产函数，其缺点是没有考虑测量误差，忽略了随机扰动因素对生产活动的影响，而且该方法无法进行统计检验。

用参数方法测量技术效率，首先需要设定适当形式的前沿生产函数，然后对该函数的参数进行统计估计。测量技术效率的参数方法具体来说有两种，即确定性前沿参数方法和非确定性前沿参数方法。随机前沿分析方法主要有三大优势：①所估计的生产前沿面是随机的；②将生产边界的差异认定为随机误差和技术非效率共同作用的结果，从而能更准确地把握生产的有效程度；③对模型估计的结果可以进行假设检验。

考虑到食用豆生产对农户家庭、资源气候条件敏感性强的特点，为更好描述农户具体生产过程，本文采用同时承认技术无效率和随机误差存在的随机前沿生产模型（Stochastic Frontier Approach，SFA）测算食用豆生产技术效率。

随机前沿模型的常用形式包括科布—道格拉斯（简称 C-D 生产函数）和超越对数生产函数。C-D 生产函数假定存在中性技术进步，要素替代弹性不变。而超越对数生产函数引入变量二次项，放松要素投入弹性不变假设，同时包含时间与每个投入要素（对数）的交叉项，从而允许非中性的技术变化，是一种更加灵活的函数形式。因此，本文在 Battese 和 Coelli 模型基础上，为避免模型误设，采用基于超越对数函数的随机前沿模型研究食用豆生产技术效率问题。

3. 食用豆生产技术效率影响因素分析

Battese 和 Coelli 提出一种同时考虑技术非效率和随机误差影响的技术效率测量方法，该模型在后来的经验研究中得到广泛采用。随机前沿生产函数的基本形式如下：

$$Y_{it} = f(X_{it})\exp(V_{it} - U_{it}) \tag{1}$$

公式（1）中，Y_{it} 表示第 i 个生产单元在第 t 年的产出，X_{it} 表示第 i 个生产单元在 t 年的生产要素投入；V_{it} 表示包含统计噪声的随机误差项，服从正态分布，即 $V_{it} \sim N(0, \sigma^2)$；$U_{it}$ 是反映技术效率损失的非负随机误差，服从在零处截尾的正态分布，即 $U_{it} \sim N^+(m, \sigma^2)$。通常假定 U_{it} 和 V_{it} 相互独立。

虽然随机误差和管理误差都是不可观测的，但是随机误差扰动项属于白噪声，其观测均值为零，由此可以计算生产单元的技术效率如下：

$$TE_{it} = E[\exp(Y_{it}^*) \mid u_{it}, X_{it}]/E[\exp(Y_{it}^*) \mid u_{it}=0, X_{it}] = \exp(-u_{it}) \tag{2}$$

E 表示数学期望，TE 介于 0 与 1 之间，越接近 0，说明技术效率损失越大；越接近 1，说明技术效率损失越低。当技术效率接近于 1 时，表明该地区的生产活动已接近最大可能性边界，处于缺乏技术进步的阶段，若要保持持续增长必须引入技术进步来构建新的生产前沿。

假定 u_i 服从非负截尾正态分布，$u_i \sim N(m_i, \sigma^2 u)$，且效率影响因素是独立分布的，则技术效率损失模型可表示为：

$$m_{it} = Z_{it}\delta(i=1, 2, \cdots, n; \ t=1, 2, \cdots, T) \tag{3}$$

式（3）中，m_{it} 为技术非效率估计值，Z_{it} 为影响技术效率外生变量，δ 为外生变量 Z_{it} 对技术效率影响的待估参数，表示效率影响因素对效率的影响程度，正值表明该变量对技术效率提升起负面作用，负值表明该变量对技术效率提升起促进作用。

二、 食用豆主产区固定观察点技术效率

基于山西岢岚县、吉林白城市、江苏省南通市、云南大理州是食用豆产业技术体系四个固定观察点 2018—2020 年的农户调研数据，分别进行各地区食用豆生产技术效率测算。调查内容包括农户的家庭结构、成员基本信息（年龄、受教育程度）、土地经营情况、家庭收入支出情况、种植与销售情况、种植户机械化和技术服务情况、气候变化对食用豆生产的影响等问题。

考虑数据的可行性，本文将从农户文化程度、是否兼业经营、农机社会化服务、食用豆种植规模、是否接受了技术服务、是否受灾等方面考察影响食用豆技术效率的因素。

（一）食用豆生产技术效率测算方法

1. 变量的选取和界定

（1）产出变量 Y

在生产函数模型中，以每家农户的食用豆直接产出即总产量作为产出变量即被解释变量。

（2）投入要素变量 X_i

即解释变量包括食用豆种植面积（X_1）、种子投入量（X_2）、总人工投入数量（X_3）、中间投入（X_4，化肥、农药、农膜、农业机械化社会化服务等中间投入求和）。其中劳动力用工费用包含家庭用工和雇工两部分，等于食用豆总用工数量与单位用工价格的乘积；化肥、农药、农膜、农业机械化服务投入之和作为中间投入变量，减少将化肥、农药、机械化投入等分别作为投入变量可能导致的多重共线性问题。

根据各地区食用豆种植户主要生产投入情况及生产函数形式，将（1）式表达为（4）式：

$$\ln Y_i = \beta_{0+} \beta_1 \ln X_1 + \beta_2 \ln X_2 + \beta_3 \ln X_3 + \beta_4 \ln X_4 + 0.5\beta_5 \ln X_1 \ln X_2 +$$

$$0.5\beta_6 \ln X_1 \ln X_3 + 0.5\beta_7 \ln X_1 \ln X_4 + 0.5\beta_8 \ln X_2 \ln X_3 +$$

$$0.5\beta_9 \ln X_2 \ln X_4 + 0.5\beta_{10} \ln X_3 \ln X_4 + 0.5 (\beta_{11}\ln^2 X_1 +$$

$$\beta_{12}\ln^2 X_2 + \beta_{13}\ln^2 X_3 + \beta_{14}\ln^2 X_4) + (v_{it} - u_{it}) \qquad (i=1, 2, \cdots, n)$$

$$(4)$$

2. 数据来源与统计描述

本文测算食用豆生产技术效率所采用数据来自国家食用豆产业技术体系 2018—2020 年在山西省岢岚县、吉林省白城市、江苏省南通市、云南省大理州等四个食用豆固定观察点的农户调研数据。以农民口述、调查员填写的形式填写调研问卷。去除缺失值及异常值，最终获得分年各省各个固定观察点的农户调研样本分布及数据情况如表 6-1 至表 6-6。

表 6-1　2020 年山西岢岚县调研样本情况

乡（镇）	村	样本数量（户）
高家会乡	西会	87
	店坪	40
	李家坪	27
	高家会	10
	杨家坪	9
三井镇	焦山	34
	三井	25
神堂坪乡	丈子	4
样本总计		236

数据来源：2020 年山西岢岚县农户调研数据

表 6-2　2018 年山西岢岚县调研样本情况

乡（镇）	村	样本数量（户）
高家会乡	杨家坪	7
	西会	99

（续）

乡（镇）	村	样本数量（户）
宋家沟	宋家沟	43
	铺上	12
神堂坪乡	西洼	41
	安塘	20
三井镇	三井	57
样本总计	279	

数据来源：2018 年山西岢岚县农户调研数据

表 6-3　2020 年江苏南通市蚕豆调研样本情况

县	乡（镇）	村	样本数量（户）
海门县	悦来镇	裴蕾村	11
		阳应村	12
		松林村	3
		宋材村	4
启东市	汇龙镇	近江村	11
	惠萍镇	东兴镇村	11
		永胜村	11
	南阳镇	元祥村	11
如东县	大豫镇	周墩村	12
		马家店村	11
		强民村	11
	三余镇	广运村	1
如皋市	九华镇	云屏村	10
		郑甸村	10
		杨码村	9
		龙舌村	10
		姜圆村	10
通州湾	三余镇	新民村	11
		德兴村	10
		同盟村	11
		广运村	9
		新华村	9
合计			208

数据来源：2020 年江苏南通市农户调研数据

表 6-4　2018 年江苏南通市蚕豆调研样本情况

县	乡（镇）	村	样本数量（户）
海门县	四甲镇	海山村	2
	临江镇	货隆村	12
		新丰村	8
	余东镇	土地堂村	10
		新北村	5
如东县	据港镇	野营角村	10
		马家店村	10
	大豫乡	强民村	10
		豫东村	10
如皋市	九华镇	云屏村	2
启东市	寅阳镇	农武村	10
		东错门村	10
		和合镇村	10
		晁汀村	5
		步梯村	10
通州区	三余乡	新华村	10
		同盟村	10
		德兴村	10
		红专村	10
合计			174

数据来源：2018 年江苏南通市农户调研数据

表 6-5　2019 年云南大理州蚕豆调研样本情况

县	乡（镇）	村	样本数量（户）
洱源县	茈碧湖镇	海口村	16
		永兴村	10
	凤羽镇	白米村	15
		上寺村	15

（续）

县	乡（镇）	村	样本数量（户）
大理州	湾桥镇	湾桥村	10
		中庄村	13
		上湾桥村	2
	银桥镇	磻溪村	14
		新邑村	14
弥渡县	弥城镇	高芹村	11
		古芹村	3
		龙华村	9
	寅街镇	大庄村	12
		阿克营村	2
		刘家营村	13
祥云县	下庄镇	老张营村	6
		白草堆村	1
	祥城镇	禾大村	11
		梁小村	2
	禾甸镇	海西村	4
		文新村	2
	禾间镇	茨芭村	1
	云南驿镇	高田村	3
		左所村	8
合计			197

数据来源：2019年云南大理州农户调研数据

表 6-6 2019 年吉林白城市绿豆调研样本情况

县	乡（镇）	村	样本数量（户）
大安市	烧锅镇	四一村	16
洮北区	到保镇	双龙村	4
	岭下镇	石井子村	23
洮南市	安定镇	四海村	10
	那金镇	郝关村	42
	瓦房镇	怀德村	17
	东升乡	福民村	22
		桂林村	7

(续)

县	乡（镇）	村	样本数量（户）
		冷家店村	6
	乌兰花镇	双龙村	1
通榆县		乌兰花村	20
	新兴乡	新茂村	19
		新兴村	19
镇赉县	建平镇	莲泡村	13
		三合村	13
合计			232

数据来源：2019 年吉林白城市农户调研数据

　　吉林、山西、江苏、云南都是食用豆主产省，2019 年食用豆播种面积占全国食用豆播种面积的 36%，调研地区的食用豆生产情况具有较强的代表性。

　　计算食用豆技术效率对数据的完整性和准确性要求较高，因此，在对调研样本数据进行梳理，剔除不完整的无效数据和异常值数据后，最终取得四个固定观察点测算食用豆生产技术效率的有效样本量如表 6-7。

表 6-7　2018—2020 年固定观察点有效样本数量

观察点名称	2018 年	2019 年	2020 年
山西省岢岚县	166	—	224
江苏省南通市	125	—	101
吉林省白城市	—	213	—
云南省大理州	—	160	—

数据来源：根据 2018—2020 年四个固定观察点农户调研数据整理

　　各地区样本农户食用豆生产投入变量的描述性统计如表 6-8 所示。

表 6-8　2020 年山西岢岚县红芸豆投入要素的统计性描述

投入/产出变量	最大值	最小值	平均值	标准差
产量（公斤）	7 200.00	5.00	576.12	665.83
面积（亩）	39.00	1.00	6.22	4.90
种子（公斤）	292.50	1.50	41.32	36.00

（续）

投入/产出变量	最大值	最小值	平均值	标准差
总人工费用（元）	23 400.00	300.00	2 735.33	2 699.38
中间投入（元）	9 352.00	150.00	1 504.48	1 490.85

数据来源：2020 年山西岢岚县农户调研数据

表 6-9　2018 年山西岢岚县红芸豆投入要素的统计性描述

投入/产出变量	最大值	最小值	平均值	标准差
产量（公斤）	1 538.00	40.00	474.76	309.28
面积（亩）	15.00	1.00	4.97	2.85
种子（公斤）	165.00	5.00	35.06	23.30
总人工费（元）	7 200.00	60.00	1 350.66	1 509.36
中间投入（元）	3 300.00	110.00	854.71	548.81

数据来源：2018 年山西岢岚县农户调研数据

表 6-10　2020 年江苏南通市蚕豆投入要素的统计性描述

投入变量	最大值	最小值	平均值	标准差
产量（公斤）	6 750.00	0.00	872.11	1 442.89
面积（亩）	0.00	0.00	1.86	2.76
种子（公斤）	162.00	0.10	16.75	21.36
中间投入（元）	1 440.00	0.00	124.18	178.27
总人工费用	14 472.00	8.00	977.02	1 809.04

数据来源：2020 年江苏南通市农户调研数据

表 6-11　2018 年江苏南通市蚕豆投入要素的统计性描述

投入变量	最大值	最小值	平均值	标准差
产量（公斤）	3 000.00	20.00	669.70	528.18
面积（亩）	5.00	0.10	1.53	1.06
种子（公斤）	60.00	1.00	17.49	12.66
总人工费用（元）	2 300.00	60.00	472.56	425.09
中间投入（元）	680.00	4.00	150.81	154.26

数据来源：2018 年江苏南通市农户调研数据

表 6-12　**2019 年吉林白城市绿豆投入要素的统计性描述**

投入/产出变量	最大值	最小值	均值	标准差
面积（亩）	225.00	1.50	39.24	33.13
产量（公斤）	30 000.00	1.00	3 074.91	4 076.11
种子（公斤）	1 224.00	2.50	65.16	150.61
总人工费用（元）	18 000.00	0.00	1 806.38	2 614.08
中间投入（元）	26 900.00	50.00	4 033.26	4 800.78

数据来源：2019 年吉林白城市农户调研数据

表 6-13　**2019 年云南大理州蚕豆投入要素的统计性描述**

投入/产出变量	最大值	最小值	平均值	标准差
产量（公斤）	5 100.00	2.00	677.82	716.19
面积（亩）	5.00	0.10	1.72	1.03
种子（公斤）	180.00	1.00	56.98	44.90
总人工费用（元）	3 600.00	120.00	1 101.06	767.90
中间投入（元）	1 480.00	0.00	313.81	284.81

数据来源：2019 年云南大理州农户调研数据

（二）四个主产区的技术效率分析

采用 Frontier4.1 软件对随机前沿生产函数式和效率损失模型进行极大似然估计。

1. 2018、2020 年岢岚县农业生产技术效率

岢岚县 2018 年红芸豆生产技术效率均值为 69%，说明还有 31% 的提升潜力，有 60% 的农户红芸豆技术效率高于均值水平；2020 年红芸豆生产技术效率均值为 71%，说明还有 29% 的提升潜力，有 64% 的农户技术效率高于均值水平。可看出，2020 年岢岚县红芸豆生产技术效率较 2018 年有小幅提升。

通过对岢岚县两年的调研数据对比来看，可能导致 2020 年岢岚县红芸豆生产技术效率小幅提升的原因有以下几点：

①红芸豆种植规模扩大。调研结果显示，2020 年户均红芸豆种植面积为 6.41 亩，较 2018 年同比上升 14.06％。

②红芸豆技术服务显著提升。作为红芸豆之乡，岢岚县全力推动红芸豆产业化发展，形成了"公司＋合作社＋基地＋农户＋标准化＋品牌销售"的产业化经营模式。调查显示，岢岚县农户接受技术服务比例较高。

2. 2018、2020 年南通市蚕豆生产技术效率

2018 年南通市蚕豆生产技术效率为 49.48％，说明还有 50.52％的提升潜力，有 42％的农户技术效率高于均值；2020 年南通市蚕豆生产技术效率为 47.3％，说明还有 52.7％的提升潜力，有 58％的农户技术效率高于均值。可看出，2020 年南通市蚕豆技术效率较 2018 年相比有所下降。

导致南通市蚕豆生产技术效率下降的原因如下：

①从业人员老龄化严重。数据显示，2020 年南通市户主平均年龄 67 岁，2018 年户主平均年龄 65 岁，从业人员严重老龄化会导致劳动能力的下降，进而影响食用豆生产技术效率。

②2020 年南通市农户接受技术指导服务比例较 2018 年降低。

③南通市机械社会化服务使用率较低。

3. 2019 年大理州蚕豆生产技术效率

经测算，2019 年大理州农户蚕豆生产技术效率均值为 62.7％，说明还有 37.3％的提升潜力，60％的农户技术效率高于均值，40％的农户技术效率低于均值。

4. 2019 年白城市绿豆生产技术效率

经测算，2019 年白城市绿豆生产技术效率平均值为 58.3％，58％的农户技术效率高于均值，42％的农户技术效率低于均值。白城市绿豆生产技术效率相对较低。

5. 对四个固定观察点的食用豆技术效率差异的初步分析

从四个观察点的食用豆技术效率平均水平来看，食用豆整体技术效率偏低，

远低于水稻、小麦等大宗农作物的技术效率，其中，岢岚县红芸豆技术效率平均值相对较高，大理州、白城市次之，南通市蚕豆技术效率相对偏低。根据学者们对其他农作物技术效率影响因素的研究成果来看，影响各地区食用豆技术效率的因素包含很多方面，例如当地的气候、土地等资源环境条件、农户文化程度、种植管理技能、食用豆机械化程度、规模化经营情况、受灾情况等均可能对技术效率产生不同程度的影响。例如山西省岢岚县地形以山地和丘陵为主，耕地以旱地为主，基本没有灌溉条件，芸豆种植主要"靠天吃饭"，产量和品质受天气影响较大；吉林省白城市地势平坦开阔，主要是低山、丘陵和平原地貌，绿豆耕地面积普遍较大，适合机械化经营管理，而且从业人员年龄相对年轻；江苏省南通市蚕豆产区户均种植面积较少，灌溉条件较好，机械化程度较低，从业人员老龄化严重；云南省大理州气候条件较好，一年四季均可种植蚕豆，从业人员相对年轻化。因此，由于食用豆生长特性差异以及区域间的异质性，不能简单地将各地区的食用豆技术效率进行直接比较，而应该结合各地区的实际情况具体问题具体分析，而且地区间食用豆种植技术效率的比较应该具备一定的可比性，例如对比某年白城和南通红小豆的技术效率差异，或者分析同一地区不同年份的食用豆技术效率演化趋势，进而考察导致食用豆技术效率动态变化的原因。

鉴于数据及篇幅原因，未能一一深入定量剖析导致各地区技术效率差异化的主要原因，参考前人的研究结果，本文仅就历年调研情况发现的部分问题进行阐述，为将来深入分析各地区食用豆技术效率影响因素提供参考。

本文从食用豆经营规模、农户平均年龄、受教育程度、是否兼业经营、是否受灾、是否接受过技术服务、机械社会化服务使用情况等角度初步分析可能导致各观察点食用豆技术效率差异的主要原因。

（1）食用豆经营规模

2020年岢岚县户均芸豆种植面积6亩左右，2019年白城市绿豆户均种植面积38亩左右，2020年南通市蚕豆户均种植面积约为1.9亩，2019年大理州蚕豆户均种植面积约为1.7亩。根据各地区技术效率情况分析，食用豆经营规模和技术效率并非简单的线性关系。经营规模过大或过小都不利于技术效率的提升。

（2）农户平均年龄

2019年白城农户平均年龄49岁，2020年岢岚县户主平均年龄60岁，芸豆种植人员老龄化情况较 2018 年更加严峻；2019 年大理州户主平均年龄 53 岁左右，老龄化程度较轻；而 2020 年南通市户主平均年龄 67 岁，从业人员老龄化较为严重。

（3）农户文化程度

小学和初中文化程度的农户占比，2019 年白城市为 84.6％，2020 年岢岚县为 77％，南通市为 74.7％，2019 年大理州为 81.2％，可见，白城市和大理州农户文化水平相对较高，岢岚县次之，南通市偏低。

（4）是否兼业经营

调研数据显示，2019 年大理州兼业户占比最大，占比 69.23％；2018、2020 年岢岚县兼业户占比分别为约 21.6％和 25.8％；2018、2020 年南通市兼业户占比分别为 39.8％和 33.8％；2019 年吉林白城市兼业户占比为 12％，可见，大理州兼业户最多，白城市最少。

（5）受灾情况

2020 年岢岚县红芸豆受灾程度严重，户均受灾面积 3.01 亩，受灾比例达到 47％，远远高于 2018 年 6.57％的受灾比例；2019 年大理州蚕豆受灾比例为 12.6％，受灾程度相对较低；2019 年白城市绿豆受灾比例为 49.1％，2020 年和 2018 年南通市蚕豆受灾程度均较轻。

（6）是否接受过技术服务

调研样本中，2020 年岢岚县有 62.8％的种植户得到过来自政府或食用豆园区的生产技术服务，接受技术服务比率较 2018 年有很大提升；2019 年大理州有 60.25％的农户得到过食用豆生产技术服务；2018 年及 2020 年南通市有 60％和 56％的农户得到过技术服务；2019 年白城市仅 28.4％的农户得到过食用豆技术服务，可见岢岚县技术服务水平相对较高，白城市技术服务水平相对较低。

（7）机械社会化服务使用情况

2020 年岢岚县红芸豆机械化服务使用率约 89.4％，南通市蚕豆机械化服务程度较低，不足 20％；同岢岚县红芸豆机械化程度相比远远落后；2019 年大理州机械社会化服务使用占比约 30％，2019 年吉林白城市采用机械化服务占比为 82.4％，可见，岢岚县、白城市食用豆机械化程度相对较高，大理州、南通市较低。

综合上述分析来看，食用豆技术效率相对较高的岢岚县无论在农户文化水平、经营规模、技术服务、机械社会化服务等方面都具有一定优势，而技术效率相对较低的南通市在农户年龄、文化程度、技术服务、机械社会化服务等方面表现都相对较差。

三、食用豆技术效率影响因素实证研究

为了分析各地区影响食用豆生产技术效率的主要因素，进一步探究提高各地区食用豆生产技术效率的有效路径，以 2020 年山西省岢岚县红芸豆农户调研数据为基础，采用基于超越对数生产函数的技术效率测算及影响因素分析"一步法"研究岢岚县红芸豆技术效率的影响因素，为提升岢岚县食用豆生产技术效率，推动岢岚县食用豆产业扶贫工作提供参考。

（一）效率函数变量的选取及理论假定

将前文测算得出的 2020 年岢岚县食用豆生产技术效率作为被解释变量，将影响技术效率的因素作为解释变量。影响农户食用豆生产技术效率的因素包含各个方面。包括农户家庭禀赋、自然地理、经济、社会条件等。假定现有其他条件不变，主要考察下列因素对农业技术效率的影响：农户文化程度（户主文化程度）、是否兼业经营、农作物受灾情况、食用豆种植规模、是否采用机械化社会服务、是否接受技术服务。

1. 户主受教育水平（m_1）

分别将小学及以下、初中、高中、大专及以上文化程度赋值为 1、2、3、4。

2. 兼业经营情况（m_2）

将兼业经营赋值为 1，非兼业经营赋值为 0。一方面，兼业户非农收入的增加

使经济负担较小，对农业收入的依赖程度较低，因而对农业生产投入的精力较少，以致技术效率较低；另一方面，兼业户的经营思路相对开阔，对先进的经营水平相对较高，也可能会提升食用豆技术效率。本文假定兼业经营不利于农户集中精力提升农业生产效率，对技术效率具有负面影响。

3. 食用豆种植规模（m_3）

以实际种植面积为原始值。生产规模过小容易失去标准化生产管理优势，导致技术效率降低，过大则会导致生产管理成本的上升，这里假定食用豆生产规模增大会提升食用豆生产技术效率。

4. 农作物受灾情况（m_4）

自然灾害无疑会降低食用豆生产的技术效率，因此，假定受灾对技术效率影响为负，如有受灾为1，未受灾赋值为0。

5. 是否接受技术指导服务（m_5）

显而易见，技术指导有利于提升农户专业技能，可促进食用豆技术效率的提升。假定接受技术指导对技术效率影响为正向，接受技术指导服务赋值为1，未接受服务赋值为0。

6. 采用机械化社会化服务情况（m_6）

其中任意三个环节采用服务赋值3，两个环节采用服务赋值2，一个环节采用社会化服务赋值1，未采用赋值0。假定采用机械社会化服务促进技术效率的提升。

2020年岢岚县红芸豆生产技术效率影响因素的统计描述如表6-14。

表6-14　岢岚县红芸豆生产技术效率影响因素的统计描述

变量	最大值	最小值	平均值	标准差
户主文化程度 （小学及以下：1，中学：2；高中或中专：3；大专及以上：4）	4	1	2.22	0.71
是否兼业户（兼业户：1，纯农户0）	1	0	2.15	0.44

（续）

变量	最大值	最小值	平均值	标准差
食用豆种植面积	30	1	2.33	4.39
是否受灾（受灾1，未受灾0）	1	0	1.40	0.48
是否得到生产技术服务（是则为1）	1	0	1.41	0.48
采用机械社会化服务程度（一个环节采用1，两个环节采用2；三个环节采用3，不采用0）	3	0	1.30	0.79

数据来源：根据2020年山西岢岚县农户调研数据整理

（二）结果分析

技术效率影响模型估计结果见表6-15。

表6-15　技术效率影响模型估计结果

效率影响变量	回归系数	t 统计量
常数项（m_0）	−11.800	−2.29
户主文化程度（m_1）	−0.495	−2.08
是否兼业户（m_2）	0.396	0.796
食用豆种植面积（m_3）	0.026	0.532
是否受灾（m_4）	7.636	2.555
是否得到生产技术服务（m_5）	−1.406	−2.393
采用机械化社会化服务程度（m_6）	0.424	1.755
gamma	0.987	185.54

数据来源：根据SFA模型计算结果整理

根据以上结果分析得出结论：

模型总体估计效果良好，γ 值为0.987，对应的 t 值为185.54，统计显著，表明混合误差项中的变异98.7%主要来自技术效率损失。

①户主文化程度系数显著为负数，表明户主文化程度对红芸豆生产技术效率有正向影响，文化程度越高，技术效率越高。

②兼业经营的系数为正，但是统计不显著，表明兼业经营对红芸豆生产技术效率有阻碍作用，但是效果不显著。

③红芸豆经营规模系数为正且统计不显著，表明扩大种植面积不利于提高食用豆技术效率，但是效果不显著。经对 2020 年不同规模的农户技术效率分析来看，种植面积低于 4 亩的农户平均技术效率最高，4～12 亩技术效率下降，当种植面积大于 12 亩技术效率又有所提升，可见红芸豆经营规模和技术效率不具有显著的线性关系。

④受灾情况系数为正且相关系数较高，表明自然灾害发生对技术效率有较强的负面影响，受灾会严重降低农户技术效率。经分析发现，2020 年受灾农户技术效率均值为 66% 左右，未受灾农户技术效率均值为 81% 左右，说明自然灾害会显著降低红芸豆生产技术效率。2020 年受灾程度较 2018 年严重，这可能也是导致 2020 年岢岚县红芸豆技术效率较 2018 年增长缓慢的原因。

⑤接受技术指导服务系数显著为负，表明技术培训服务对红芸豆技术效率提升有正向影响。调查显示，在所有调研样本中，2020 年岢岚县有 62.8% 的种植户得到过来自政府或食用豆园区的生产技术服务，而 2018 年接受过技术服务的农户仅占 42.81%，可看出，2020 年红芸豆技术服务提供情况有很大提升，这可能也是 2020 年红芸豆技术效率提升的原因之一。

⑥使用机械化社会化服务系数为正且统计显著，表明使用机械社会化服务可能会降低红芸豆技术效率，但效果不显著。经对 2020 年岢岚县农户机械化社化会服务使用情况与技术效率对比分析发现，89.17% 的农户都不同程度地使用了机械社会化服务，主要用于耕地、种地、收获的部分或全部环节。不使用机械社会化服务或者在三个环节使用服务的红芸豆技术效率水平均较低，其中不采用机械社会化服务的技术效率水平最低；在一个环节使用机械社会化服务的技术效率均值最高，在两个环节使用服务的技术效率水平次之，说明适当采用机械社会化服务可提高技术效率，但是不使用或者过多使用机械社会化服务可能会导致食用豆生产技术效率降低。

综上，根据岢岚县的红芸豆技术效率影响因素分析情况来看，农户受教育程度、接受技术指导服务、适当采用机械化社会化服务对提高红芸豆技术效率具有正向促进作用，受灾程度对红芸豆技术效率具有反向阻碍作用。其中兼业经营、食用豆种植经营规模对技术效率的影响未通过统计检验。

四、主要结论与相关建议

(一) 主要结论

本文利用基于超越对数生产函数的随机前沿分析方法，利用吉林白城、江苏南通、云南大理、山西岢岚四个固定观察点 2018—2020 年的农户调研数据对各省食用豆生产技术效率进行研究，并分析了 2020 年岢岚县红芸豆农户生产技术效率的影响因素，得出以下结论。

1. 区域间食用豆技术效率整体水平较低

从目前的测算结果来看，四个固定观察点食用豆生产技术效率普遍偏低，其中，山西省岢岚县红芸豆技术效率相对较高，平均技术效率为 69% 左右；其次是云南大理州，吉林省白城市绿豆、江苏省南通市蚕豆技术效率水平相对更低，不足 50%。

2. 不同要素对食用豆农户生产技术效率的影响表现出较大差异

通过初步分析发现，农户文化程度、接受技术指导服务有利于提高食用豆技术效率，发生灾害容易引起技术效率降低，兼业经营对技术效率的影响是负面的，但是效果不显著，机械社会化服务对技术效率的影响为负，其中经营规模与使用机械社会化服务对食用豆技术效率为非线性关系，这一结论与屈小博等人的研究一致。

鉴于数据可获得性等原因，在此不一一分析各省食用豆生产技术效率影响因素，今后，建议在此研究基础上，对各食用豆主产区的食用豆生产技术效率水平进行持续稳定的调查和研究，分析各地区食用豆生产技术效率发展差异以及相关成因，进而为各食用豆产区开展食用豆技术效率研究提供理论研究依据，为提高各地区食用豆生产技术效率，提高食用豆生产收益提供决策参考。

（二）政策建议

基于上述结论，提出提高食用豆生产技术效率的政策建议如下。

1. 提升食用豆生产适度规模化经营水平

当前食用豆生产技术效率整体水平较低，鉴于食用豆经营规模与生产技术效率的非线性关系，各地区在开展食用豆产业发展规划和结构调整时，应因地制宜，不应一概而论。例如可引导小规模经营农户适当扩大种植规模，引导大规模化经营农户开展适度规模经营，在当前市场需求快速增长形势下，各食用豆主产区应开展符合各自实际情况的适度规模经营，不能盲目扩大生产经营规模。

2. 结合食用豆经营规模，适度加强机械社会化服务供给

提高食用豆机械化社会化服务水平，一方面可减少人口老龄化等劳动力资源约束对食用豆生产技术效率的负面影响，另一方面有利于提升适度规模经营效率。因此，仍有必要加强食用豆种植管理机械化设施设备和技术的研发或引进、推广及应用，引导农户结合自身生产条件适度使用机械社会化服务，提高食用豆生产技术效率。

3. 加强对食用豆从业人员的科技培训，提升农户科技文化水平

技术培训对提高农户农业科技素养，提升食用豆生产技术效率具有显著促进作用。为此，根据各地区劳动力素质水平开展有针对性的农民技术技能培训，对于有一定文化基础的青年农户，作为未来现代农业的主力军，可以丰富食用豆经营培训内容，加强培训力度，鼓励其开展适度规模经营，使其快速成长为新型职业农民；对于老龄农户，加强新技术培训引导，使其改变传统经验种植方式。

4. 加强食用豆灾害防控工作，降低灾害对食用豆生产损失影响

气象灾害对食用豆生产影响较大。尤其许多食用豆产区干旱较严重，进一步加大了气象灾害以及病虫害发生风险。因此，应加强食用豆主产区气象灾害防控

体系建设，在干旱地区加强食用豆灌溉条件建设，提高食用豆灾害监控预警和防控水平，对于长期影响食用豆产量的根腐病等病虫害加大防控技术攻关。同时还需要完善食用豆气象灾害保险机制，充分发挥农业保险政策对食用豆生产与经营中的巨大作用。

参考文献

韩朝华，2017. 个体农户和农业规模化经营：家庭农场理论评述［J］. 经济研究，52（07）：184-199.

何秀荣，2016. 关于我国农业经营规模的思考［J］. 农业经济问题，37（09）：4-15.

胡祎，张正河，2018. 农机服务对小麦生产技术效率有影响吗？［J］. 中国农村经济，（05）：68-83.

冀县卿，钱忠好，李友艺，2019. 土地经营规模扩张有助于提升水稻生产效率吗？——基于上海市松江区家庭农场的分析［J］. 中国农村经济，（07）：71-88.

贾琳，夏英，2017. 农户粮食生产规模效率及其影响因素分析——基于黑、豫、川三省玉米种植户的调查数据［J］. 资源科学，39（05）：924-933.

金福良，王璐，李谷成，等，2013. 不同规模农户冬油菜生产技术效率及影响因素分析——基于随机前沿函数与1 707个农户微观数据［J］. 中国农业大学学报，（01）：210-217.

李凡凡，孙洪武，2021. 规模经营能否提高鲜食葡萄种植户的生产技术效率——基于江苏省葡萄生产基地344户农户的调查数据［J］. 农业技术经济，（05）：133-143.

刘成，周晓时，冯中朝，等，2019. 中国小麦生产技术效率测算与影响因素分析——基于农机服务视角的研究［J］. 中国农业资源与区划，40（10）：34-40.

刘七军，李昭楠，2012. 不同规模农户生产技术效率及灌溉用水效率差异研究——基于内陆干旱区农户微观调查数据［J］. 中国生态农业学报，20（10）：1375-1381.

刘天军，蔡起华，2013. 不同经营规模农户的生产技术效率分析——基于陕西省猕猴桃生产基地县210户农户的数据［J］. 中国农村经济，（03）：37-46.

屈小博，2009. 不同规模农户生产技术效率差异及其影响因素分析——基于超越对数随机前沿生产函数与农户微观数据［J］. 南京农业大学学报（社会科学版），9（03）：27-35.

司伟，王济民，2011. 中国大豆生产全要素生产率及其变化［J］. 中国农村经济，（10）：16-25.

孙顶强，卢宇桐，田旭，2016. 生产性服务对中国水稻生产技术效率的影响——基于吉、浙、湘、川4省微观调查数据的实证分析［J］. 中国农村经济，（08）：70-81.161-168.

孙艳，石志恒，孙鹏飞，2019. 规模经营能否提高种植大户的经营效率——以甘肃玉米种植大户为例［J］. 中国农业资源与区划，40（03）：78-84.

王善高，薛超，徐章星.2019. 中国大豆种植技术效率及其增产潜力分析［J］. 世界农业，（12）：96-106.

薛文田，周宇，2021. 不同经营规模农户杂粮生产技术效率研究——以四川省凉山彝族自治州为例 [J]. 中国农业资源与区划，42（02）：184-191.

杨思雨，蔡海龙，丁志超，2021. 农机社会化服务对小麦生产技术效率的影响 [J]. 中国农业资源与区划，（06）.

杨万江，李琪，2017. 新型经营主体生产性服务对水稻生产技术效率的影响研究 [J]. 华中农业大学学报（社会科学版），（05）：12-19.

岳慧丽，2014. 基于 GIS 的县域农业技术效率分析方法研究 [D]. 北京：中国农业科学院.

张德元，宫天辰，崔宝玉，2015. 小农户家庭禀赋对农业经营技术效率的影响 [J]. 西北农林科技大学学报（社会科学版），15（05）：41-47.

周宏，王全忠，张倩，2014. 农村劳动力老龄化与水稻生产效率缺失——基于社会化服务的视角 [J]. 中国人口科学，（03）：53-65，127.

周曙东，王艳，朱思柱，2013. 中国花生种植户生产技术效率及影响因素分析——基于全国 19 个省份的农户微观数据 [J]. 中国农村经济，（03）：27-36，46.

Ahmad M，Chaudhry G M，Iqbal M，et al，2002. Wheat productivity, efficiency, and sustainability: A stochastic production frontier analysis [with comments]. Pakistan Development Review，41（04）：643-663.

Villano R，2010. Fleming E. Technical inefficiency and production risk in rice farming: Evidence from Central Luzon Philippines. Asian Economic Journal，20（01）：29-46.

·*Chapter 7*·

第七章

食用豆产业发展的科技对策

一、科技在促进食用豆增产增效中的作用

通过在新品种培育、培栽技术、加工技术及全程生产机械化的科技进步，高垄芸豆栽培、绿豆机械化种植、蚕豆高效种植等的推广应用有力促进了特色效益农业的发展，粮、经、饲种植结构进一步优化；食用豆养地、养人、养畜"三养"功能得到一定发挥，推动了大宗农产品持续安全供给，推动"藏粮于地、藏粮于技"战略落实落地；营养健康型热季豆类如绿豆和鲜食型蚕豆、豌豆种植面积持续扩大，干籽粒生产趋于稳定，食用豆优势产区逐步形成并具有一定规模，在保障老少边穷地区农民增收、养护耕地、保护生态环境、优化居民饮食与营养结构等方面发挥着越来越大的作用。

（一）培育了一批新品种，显著提升了单产水平

近十年，收集引进国内外栽培种、野生种等种质资源 3 000 余份，构建了普通菜豆迄今为止规模最大、表型数据最完整、基因信息量最多的表型和基因型变异数据库，引领了普通菜豆种质资源学和功能基因组学的发展；定位克隆了一批芸豆炭疽病、细菌性疫病、绿豆豆象、豌豆白粉病等抗性基因；育成 120 个优质多抗广适的新品种，获 27 项新品种权，授权 6 项国家发明专利，形成 13 项地方标准。在促进产业发展方面，通过品种成果转化，提供了从种子繁育到生产技术指导、产品开发、市场信息咨询等系列服务，逐步形成公司带基地、基地联农户、产学研相结合的新型产业发展模式，带动和支撑了区域性食用豆产业的发展。其中，中绿 5 号、冀绿 7 号、白绿 8 号、云豌 18 号、云豆早 7、云豆 147、青蚕 13 号等高产、广适、多抗、适宜机械化收获品种的育成与应用，提高了产量水平，改善了商品品质，提高了种植效益。新品种应用面积累计约 246 万公顷，新增总产量 63 万吨，纯收益 37 亿元。

表 7-1 2007 年以来推广面积最大的前 5 个食用豆品种生产情况

名称	推广年份	主要特性	累计推广区域面积	取得效益
绿豆新品种中绿 5 号	2007	抗叶斑病，高产广适	应用区域遍及全国 29 个省区，累计种植面积 80.27 万公顷	增产 19.4 万吨，增收 20.2 亿元以上
绿豆新品种冀绿 7 号	2007	高产稳产广适	15 个省市应用面积累计达 21.55 万公顷	增产 6.09 万吨，总产值 3.69 亿元
芸豆新品种龙芸豆 5 号等系列新品种	2007	适合机械化收获，抗病稳产	累计推广 100 万公顷以上	增产 200 万吨，总产值 100 亿元以上，纯收益 7.2 亿元以上
蚕豆新品种青海 13 号青蚕 14 号	2007	高产稳产	助力精准扶贫，成为六盘山区青海互助、乐都、宁夏隆德等区域的优势产业，累计推广 12 万公顷	累计增收 1.62 亿元
蚕豆新品种"云豆早 7"	2007	早熟鲜销型	满足了云南不同生态区种植和鲜食多元化消费需求，在南方蚕豆秋播区域累计推广 5.91 万公顷	新增利润 1.8 亿元

注：1. 数据来源于国家现代农业产业技术体系（食用豆）育种研究室
　　2. 效益＝新增产量 * 价格

（二）集成了一批绿色防控技术，促进产业绿色发展

2008 年以前，我国食用豆类病虫害研究基础薄弱，许多方面甚至为空白。围绕食用豆生产中病虫草害重大问题，开展了病虫草害调查鉴定、抗性资源筛选、抗性基因发掘与利用、病虫草害绿色防控技术研发等研究。取得了一系列的突破性成果。

①明确了我国主要食用豆病虫草害种类及影响生产的主要病虫害，为防治策略的制定奠定了基础，实现了我国食用豆病虫草害防治从盲目到有的放矢的转变。

②发掘出一批优异抗性种质/基因资源，创制了 300 余个抗性新种质，定位了 9 个抗病虫基因，并开发了抗性基因功能标记，为抗性品种选育提供丰富的抗原和技术，极大地推动了我国食用豆抗病品种选育，提升了我国食用豆抗性育种水平。

③建立了多个重要病虫害抗性鉴定技术，例如仓储绿豆象综合防控技术、绿豆尾孢菌叶斑病综合防控技术、绿豆抗豆象抗叶斑病田间绿色防控技术、蚕豆抗赤斑病和抗病毒病绿色防控技术、菜豆普通细菌性疫病后期叶斑病防治技术、食用豆田间杂草绿色综合防控技术等，显著提高了食用豆病虫害防控水平，有力促进了我国食用豆可持续发展。

（三）研制了一批新机具，显著提升了生产效率

为了突破我国食用豆田间生产基本处于人工作业阶段，生产无机可用等制约我国食用豆产业转型升级的短板和瓶颈问题，近年来，围绕食用豆播种、田间管理和收获等环节，在食用豆机械化生产特性、高效机械化生产技术及装备开发、相关技术模式集成与示范等方面提出了适宜我国不同区域的食用豆机械化生产技术模式，筛选及开发出了完备的食用豆播种、田间管理、分段及联合收获作业系列机具，填补了相关技术空白，初步解决了食用豆生产机具缺乏问题。机械化种植模式及机具在国内食用豆主产区进行了较大范围的全程机械化生产试验示范，实现了食用豆关键生产环节机械化，结果显示采用机械化生产技术可大幅降低食用豆生产成本、增加种植户收益，节本增效显著。同时，联合国内知名农机企业进行技术交流合作，开展科技服务和食用豆机械化生产技术培训，有力推动我国食用豆生产的技术升级，为食用豆产业更快更好发展提供装备支撑。

表 7-2　近年来食用豆种植最具代表性的农业装备

名称	主要用途	主要性能
绿豆/小豆免耕精量播种机	绿豆/小豆精量播种	行距 40～50 厘米可调，穴距 8～30 厘米可调，每穴 1～2 粒
绿豆/小豆覆膜打孔播种一体机	适宜干旱冷凉地区的绿豆/小豆精量排种	可实现精量穴播，行距 40～50 厘米可调，穴距 8～30 厘米可调，每穴 2～3 粒
勺舀式蚕豆精量播种机	适宜丘陵山区的勺舀式蚕豆精量播种	实现每穴 2～3 粒蚕豆的精量播种，穴距 10～30 厘米可调

注：数据来源于国家现代农业产业技术体系（食用豆）机械化研究室

表 7-3　近年来食用豆收获与加工最具代表性的农业装备

名称	主要用途	主要性能
食用豆联合收获机具	食用豆专用低损防堵割台、食用豆脱粒清选装置自适应调节技术和适用于食用豆联合收获的低损物料输送系统，解决了割台防堵、物料输送破碎和脱粒清选含杂率高等问题，研发出DL-4B、4D-3A 两款全喂入式蚕豆、绿豆联合收割机，机具试制后进行了多轮田间试验和优化改进，填补了相关技术空白	作业效率可达到 6 亩/小时以上，综合作业效率是当前人工收获的 20 倍以上，每亩纯收益可提高 30%，大粒型蚕豆机械化收获时破碎率 3.33%、含杂率 0.68%、损失率 4.90%，绿豆机械化收获时破碎率 1.45%、含杂率 1.58%、损失率 3.70%，机收作业质量满足生产需求
双行自走式割晒机	收获	适合平原及缓坡丘陵较大规模种植地域
单行自走式割晒机	收获	适合一定坡度山地或小规模种植平原地区作业
背负式轻简型割晒机	收获	体积小、重量轻，适合山区作业
可调速食用豆专用脱粒机	收获	可根据不同豆种的作业特征进行筛网便捷更换和速度实时调节，具有适应性广、作业效率高的特点

注：数据来源于国家现代农业产业技术体系（食用豆）机械化研究室

（四）创新了一批新栽培技术，显著提升了增产潜力

重点开展了食用豆栽培生理、土壤管理、抗旱节水、养分高效利用等关键技术研究与集成。

①完成了小豆抗寒性鉴定方法、指标及不同温度区域作物冷害指标划分。

②完成了食用豆 154 个土样、29 个农产品的 7 种重金属含量检测，481 份土样 pH、有机质含量、速效氮磷钾含量测定。

③收集了 309 份食用豆类根瘤菌样品并进行了分离提纯保存、检测。

④研究集成棉花—绿豆间作栽培技术、高寒区旱地绿豆高产栽培技术、复播绿豆硬茬直播栽培技术等 3 项适宜不同生态地区种植用的高效绿豆生产栽培技术规程，并颁布实施。

⑤完成了"蚕豆/玉米/红苕""果套豆（蚕豆豌豆）""鲜食蚕豆/棉花＋甜瓜＋鲜食大豆""豌豆（蚕豆）—谷子一年两季作物轮作倒茬"等 7 套高效综合收益模式集成与示范。

⑥构建了食用豆根瘤菌、土壤肥力、肥料数据库。通过食用豆高产栽培技术的示范推广，提高了我国食用豆单位面积产量，亩产量增收 10% 以上，提高了水肥利用效率 10% 以上，亩节约了劳动成本 100 元以上，保护了生态环境，达到提质增效、绿色可持续发展的目标。

（五）集成了一批加工新模式，提升了食用豆综合利用水平

①完成了 3 000 余份食用豆资源的品质评价工作，筛选出一批营养成分含量高、功能活性好的食用豆优异资源；发展了豆类芽菜产业发展的技术与理论。

②开发了一批适合"三高"等慢病人群的高 GABA 含量绿豆、小豆冲调粉，速煮 GABA 豆、挤压降糖红小豆粉等新产品。

③以升级食用豆原料品种品质、传统加工产品、技术、装备及新产品研发为突破口，改进豆沙、蜜豆等传统食用豆产品加工技术装备，研发适应现代营养健康消费需求（降三高）、方便食用或饮用的食用豆新产品。

总之，通过加工技术及装备的研发，提升了我国食用豆加工领域的品种选育、技术装备与产品创新水平，促进了"公司＋基地＋农户"全产业链生产模式的形成以及产学研结合的产业良性发展模式。近年来，形成实质合作的食用豆加工相关企业达 20 家，落地转化新产品 10 个，举办培训 20 余次，培训人员 2 000 余人，利用技术升级协助企业新增经济效益超过 5 000 余万元。在促进农民增收、企业增效、产业增值及生态环保效益方面起发挥了科技支撑作用。

（六）构建了产学研一体化机制与平台，协同解决食用豆生产和产业发展关键技术难题

食用豆科技通过现代农业产业技术体系专项的支撑，创新运行机制，形成了稳定的农业科研组织体系，从研学产转变为产学研，针对农业生产技术需求开展科研与推广工作，形成了解决产业发展科技难题的合力。

①针对制约食用豆产业发展的突出科技问题进行充分讨论，明确需要联合开展攻关的全体系重点研究任务、功能研究室的研究任务等，在此基础上成立了中

国作物学会食用豆专业委员会，构建更大范围和更广层面的食用豆科研、生产、加工等多领域人才合作模式，推动食用豆科技成果快速转化，提升我国食用豆类产业整体研发水平和协同创新能力。

②针对突发事件，形成了高效的生产应急服务体系。

③在技术人员指导下，在主产区迅速推广应用联合攻关的技术和成果。"十二五"体系将高产多抗食用豆新品种选育与应用、豆象综合防控技术研究与示范列为重点任务，通过全体系5年联合攻关，筛选出适宜我国不同产区种植的多抗专用品种61个。例如，高产稳产广适绿豆冀绿7号、冀绿8号的选育和应用，提高了河北省甚至是全国绿豆的单产水平，拓宽了品种应用范围，改善商品品质，提高了种植效益。据统计，冀绿7号应用面积累计达21.55万公顷，应用区域遍及河北、安徽、新疆、重庆等15个省市，新增总产量6.09万吨。在明确我国食用豆豆象种类、分布和危害现状的基础上，研究集成了豆象田间及仓储综合防控技术并示范推广，极大地控制了食用豆豆象危害，取得了显著的社会、经济和生态效益。

二、食用豆生产国际比较及短板分析

食用豆类作物生产特点是生育期短、适应性广、抗逆性强，并具有共生固氮能力，是禾谷类、薯类、棉花、幼龄果树等作物间作套种的适宜作物和好前茬，也是良好的填闲和救灾作物。与世界食用豆主要生产国家美国、加拿大、澳大利亚、缅甸等相比，我国在劳动生产率、土地产出率和投入产出率等方面都具有较大的潜力。

（一）食用豆劳动生产率的比较

食用豆劳动生产率是指每个农业劳动力提供的食用豆产量。我国劳动力绝对数量为2.7亿左右，我国的劳动生产率远低于北美食用豆生产国，也低于缅甸等发展中国家。据了解，美国食用豆农场主规模小于玉米等大宗作物生产，平均种植规模为 300～400 公顷，根据美国农业部国家农业统计局数据，2019 年，美国北科达州食用豆劳动生产率较高，约为 627 072.54 公斤/（人·年）。

（二）食用豆土地产出率的比较

食用豆土地产出率主要体现为单产水平。当前，国际上食用豆单产水平都处于稳步提高中，我国处于在 1 725 公斤/公顷的水平，整体与世界先进水平大体相当。以芸豆为例，美国单产水平自 2004 年以来不断提高，近 3 年的土地产出率为 2 047.2 公斤/公顷，2019 年土地产出率达到 2 365.65 公斤/公顷。以豌豆为例，加拿大单产水平也是稳步提高，从 2004 年 2 300.4 公斤/公顷的水平提高到 2013 年前后 2 400 余公斤/公顷的水平，2019 年单产水平超过 2 500.05 公斤/公顷。以绿豆为例，缅甸单产从 2004 年 1 099.95 公斤/公顷，已经提高到 2019 年 1 309.95 公斤/公顷的水平。

（三）食用豆投入产出率的比较

食用豆投入产出率指单位面积的产量比单位面积的总成本。根据食用豆固定观察点的调研数据，以吉林白城绿豆生产为例，每亩成本构成是种子、化肥、农药、燃油、薄膜、水电费、人工、租地费用等，其中租地、农药、燃油、化肥、人工、种子占比最多，2018 年平均每亩生产成本 379.25 元，合亩均产量 85.95 公斤，投出产出比为 0.23 公斤/元。以云南大理蚕豆生产为例，2018 年，平均每亩生产总成本为 333.76 元，成本构成是化肥、人工、机械服务、种子、土地租金、农药、水电费等。大理蚕豆收获方式主要有收青和收干两种，其中收青又包括收青豆荚、收青豆米。青豆荚平均产量为 18 000 公斤/公顷，青豆米平均产量为 5 100 公斤/公顷，干籽粒平均产量为 3 450 公斤/公顷，青豆荚、青豆米和干籽粒的投入产出比分别为 3.60 公斤/元、1.02 公斤/元、0.69 公斤/元，鲜食型蚕豆投入产出比明显高于干籽粒型。

表7-4　食用豆土地产出率国际比较

年份	中国 （公斤/公顷）	美国（芸豆） （公斤/公顷）	加拿大（豌豆） （公斤/公顷）	澳大利亚 （公斤/公顷）	缅甸（绿豆） （公斤/公顷）
2004—2006	1 633.50	1 786.50	2 300.40	1 177.95	1 114.95
2007—2009	1 557.90	1 954.65	2 189.40	964.80	1 183.35
2010—2012	1 583.10	1 986.60	2 335.65	1 287.45	1 263.30
2013—2015	1 689.75	2 010.30	2 489.25	1 382.10	1 306.65
2016—2018	1 757.40	2 047.20	2 629.95	1 375.65	1 309.95

注：土地产出率主要体现为单产水平

数据来源：中国数据来源于国家统计局，美国数据来源于美国农业部国家农业统计局和FAOSTATS，加拿大数据来源于FAOSTATS，澳大利亚数据来源于FAOSTATS；缅甸绿豆数据来源于缅甸中央统计局

（四）食用豆生产成本的比较

2019 年，美国北科达州食用豆生产成本为 2 250 元/公顷。其中种子、化肥、农药等农资成本占 42.73%，雇工成本占 20.00%，机械费用占 23.40%，租用土地成本占 13.87%（表7-5），我国生产成本约为其 2 倍。

表7-5　美国北科达州食用豆生产单位面积成本

生产成本	投入（元）	比例（%）
种子、化肥、农药	961.5	42.73
雇工	450.0	20.00
机械	526.5	23.40
土地	312.0	13.87
总成本	2 250.0	100.00

数据来源：美国农业部国家农业统计局，2019

从缅甸食用豆生产来看，绿豆生产发展迅猛，根据食用豆体系专家实地调研，其生产成本中劳动力成本约为我国的三分之一，土地使用基本上没有成本。由于近年来缅甸对绿豆病虫害防控技术水平的提升、病虫害得到有效防控，使得绿豆单产水平提高很快，加上生产面积的扩张，绿豆产能增加迅猛。

由此可见，我国食用豆劳动生产率远低于美国等发达国家，也低于缅甸等发展中国家。美国食用豆单产水平是我国的 1.20 倍左右。我国食用豆投入产出率不高的主要原因是由于土地产出率偏低、劳动力成本抬升且机械化程度不高、土地租金相对较高、生产规模偏小等。

三、食用豆产业的科技主攻方向

目前，食用豆主产区大部分位于经济发达程度相对较低的地区，生产上多元多熟等多种生产栽培模式共存，鲜食蚕豆、豌豆等种植面积有进一步增加的趋势，产业对科技的需求表现在：要充分发挥食用豆"三养"功能，基础研究要进一步加强，单产水平还需继续提高，要实现生产全程机械化；我国食用豆生产最大潜力是加强营养健康导向的产后加工技术水平和能力，使食用豆生产走上面向健康生活需求导向的规模化、绿色化、特色化的高质量发展道路。

（一）针对提高土地产出率，持续在高产专用多抗新品种选育及其配套栽培技术上发力

食用豆科研在新品种选育、特异性状遗传规律研究及基因初步定位等方面取得了一定进展。但与大宗作物相比，食用豆优异基因资源发掘及评价、种质创新及利用等技术手段还很落后，对重要性状的深入研究、重要基因的深度剖析及应用研究上还很欠缺，在一定程度上限制了食用豆种质创新及新品种选育进程。今后应当开展高抗种质的创新与应用，发掘与重要农艺性状连锁的分子标记或基因，建立分子标记辅助选择育种技术体系，提升食用豆新品种选育水平，研发配套栽培技术水平，力争"十四五"期间，食用豆区试单产水平在现有基础上提高 20%。

（二）针对提高劳动生产率，需要尽快补齐食用豆全程机械化能力缺乏的短板，实现食用豆产业的转型升级

目前，适宜平原大规模生产以及丘陵山区或间作套种生产的食用豆专用播种和收获机械都得到初步示范与推广，在一定程度上降低了种植成本、提高了种植效益，推动了食用豆全程机械化生产的发展。但与机械化水平较高的大宗作物相比，食用豆生产中尚缺乏适宜不同生态环境及耕作模式的播种、中耕、除草、水肥管理、收获等环节单项生产技术的集成，尚未实现食用豆全程机械化生产，进而限制了劳动生产效率的进一步提升。

力争"十四五"期间，通过集成示范适宜机械化生产的品种、机械化种植模式、抗逆保苗机械化播种、中耕除草施肥等机械化田间管理、机械化分段及联合收获等相关技术，形成适宜大面积单作、丘陵山区或间作套种生产中不同环节的食用豆全程机械化生产技术体系，实现大幅度降低食用豆生产的劳动成本，提高生产效率和收益。

（三）针对提高投入产出率，要大力发展面向健康产业的食用豆加工业，确保我国食用豆产业高质量发展

我国食用豆加工业起步较晚，目前在加工技术、设备、功能性产品的开发上均有一定突破，加工市场不断扩大，但是加工产品品种不够多元化，加工技术和保鲜技术亟须改进，加工产品的质量安全亟须提高，加工副产物综合利用水平亟须突破。面向健康生活的食用豆加工业，一是加大食用豆加工产品的基础研发、落实产品质量和安全标准的制定和实施，开发初加工后可直接作为蔬菜、食物或饲料，以及深加工产品宜作为主食或副主食的安全生产工艺；二是加大食用豆精深加工产品的研制，发挥其保健功能方面的作用；三是利用高新技术生产现代食用豆加工制品，建设全营养、全籽粒和高附加值系列产品加工体系，提高食用豆加工制品营养价值、加工产业利润率，促进食用豆加工业提质增效和高质量发展。

四、科技支撑食用豆产业发展的政策建议

(一) 加强对食用豆产业研发力量的投入

从我国食用豆整体科研水平看，绿豆和小豆国际领先，豌豆与加拿大、澳大利亚等发达国家差距有所缩小，蚕豆总体研究水平接近世界领先。芸豆主产国美国育种、单产平均水平也较高，实现了全程机械化，进入分子生物学和生理代谢组技术时代，而我国尽管芸豆育种水平较高，但栽培技术研究和应用落后。从机械化水平看，美国等发达国家用豆精量播种技术成熟，向大型化、精准化、智能化方向发展，而我国起步晚、水平低。

需要突破的关键技术有：①以表现型高通量鉴定技术和分子标记辅助育种技术为核心的优质、多抗等优异性状聚合育种技术；②环境友好型的农药化肥双减技术，包括生物防控与绿色防控技术；③以机械化为核心的节本增效栽培技术；④快速、高营养、高附加值营养加工产品的研制技术。

(二) 实行食用豆产业科技帮扶工程

以绿色发展为原则，以"一控二减三基本"为目标，充分发挥小宗粮豆种植结构调整及供给侧改革的作用，一是建议中央和省市级政府加大对食用豆的研发投入，开展食用豆主产区主推品种和主推技术筛选工作。二是尽快实现食用豆机械化工程，加强通过品种改良选育、融合农机农艺、研发配套适宜的机械化作业机具等措施降低食用豆生成成本，推动我国食用豆产业的提质增效。三是实施食用豆现代种业提升工程，大力加强食用豆新品种良种繁育基地建设，适当培育种子和加工的龙头企业，根据体系相关建议和推荐，每主产区重点扶持1～2家种业龙头企业，特别是科技部设立的主要经济作物优质高产与产业提质增效科技创新重点研发项目，相关队伍要与体系专家团队相结合，避免出现两张皮或两套人马

的尴尬局面。四是要加强对食用豆加工业政策扶持力度，在食用豆加工专用品种基地建设中，在产地干燥、精选等初加工等方面予以适当支持。

（三）提质增效，大力促进食用豆产业升级

一是与机械化生产相对接，加强高产、优质、适宜机械化生产食用豆新品种的推广应用，尽快将适销对路的优良品种应用到生产中，进一步提高产量，改善品质，提高种植效益；普及成熟的规模化、标准化、机械化等高产、高效、轻简化配套生产技术，特别要重视田间杂草化学防除技术的应用与推广，发挥除草剂除草效果的同时，减少药害和对后茬作物的影响；重视农药化肥控施理念与技术的普及推广，提高产品特别是鲜食食用豆产品的安全性，满足市场对食品安全的需求。二是促进数字食用豆产业的发展，进一步创新和优化食用豆科研、生产、加工、销售的组织模式，重视对食用豆市场和企业的培育与发展，培育食用豆加工销售的龙头企业，鼓励外贸、加工企业进入生产领域；加强食用豆经纪人培养，通过互联网或物联网技术为农民提供产前市场信息、产中质量监控、产后收购销售等服务。

Chapter 8

第八章

食用豆价格波动及走势分析

一、食用豆价格走势和波动特点

食用豆属于小杂粮，供需特点与主粮有一定的类似性，长期供给价格弹性较大，需求价格弹性较小，且种植户基于市场价格预期（非理性预期）进行生产决策。由于食用豆等粮食从生产到上市需要一定时间，在短期价格水平下，需求变动是决定粮食短期价格的最关键因素。但与主粮相比，食用豆有市场规模相对较小、产销地相对集中、政府专项调控政策相对较少等特点，其价格走势与波动特征与主粮明显不同。张树忠等（2012 年）基于发散型蛛网模型分析小宗农产品价格走势，认为在供给价格弹性大于需求价格弹性的情况下，一旦出现失衡状态，竞争机制不仅不能使其恢复均衡，而且还会使价格和产销量的变动在时间序列中呈现发散形，越来越偏离均衡。

（一）价格容易出现大幅波动

食用豆市场处于完全自由竞争状态，市场参与方进出市场不受限制，生产和流通集中度较高，有易储藏、易运输、易保存的特点。以绿豆为例，近年来吉林白城市绿豆年产量均在 10 万吨以上，约占全国绿豆生产的四分之一，形成了以白城市为中心的区域性杂粮杂豆交易集散地，每年经销的绿豆占全国总交易量的 50% 左右。同时，食用豆作为小杂粮，产量相对有限，短期供给价格弹性小。上述特点使食用豆价格容易成为农产品市场炒作的重点对象，投机客仅需要相对较少的资金即可推高食用豆价格。2010 年绿豆价格大幅上涨，明绿豆批发价格从年初的 9.4 元/公斤迅速涨到 16 元/公斤，创历史新高，网络用语"豆你玩"形象地展现了绿豆价格的一路飙涨，2011 年后绿豆价格又急剧下降。后经国家有关部门调查，绿豆价格的飙涨是人为恶意炒作导致的。

（二）价格走势呈现出一定的弱周期性

从短期来看，食用豆供给价格弹性很小，需求对价格影响较大。但食用豆的需求在短期内具有一定稳定性，需求导致的价格波动幅度相对较小。从长期来看，食用豆供给价格弹性大于需求价格弹性，种植户"追涨杀跌"、市场信息不对称、生产成本上涨等因素，导致供给对价格影响较大，容易出现较大幅度的涨跌。因此，食用豆价格的短期波动在长期呈现出一定周期性。但是食用豆市场缺乏政府监管和调控，市场规模小且易受外部因素冲击，导致其价格波动的周期性较弱。张超等（2014 年）对比研究了 2000 年至 2012 年绿豆和稻米价格波动的周期性，认为稻米价格波动的平均周期长度为 39 个月左右，且每个完整周期的持续时间较为均匀、有规律；绿豆价格波动的平均周期长度为 50 个月左右，但每个完整周期的持续时间差异非常大，没有规律，最长的周期持续了 79 个月，最短的周期只持续了 20 个月。具体来看，2002 年至 2007 年绿豆总产量保持在 90 万吨左右，供需基本平衡，价格波动幅度不大，但在 2008 年，东北绿豆大面积丰收，供给短时间内大幅增加，导致绿豆价格暴跌。2009 年，种植户由于之前绿豆价格暴跌亏损严重，减少了种植面积，加之东北地区出现严重旱情，绿豆主要种植区严重减产，全国绿豆产量下降至 74 万吨，2010 年绿豆价格出现暴涨。之后，绿豆高价导致种植面积快速上涨，绿豆价格进入新一轮下降通道。

（三）价格波动的季节性特点较为明显

在外部因素冲击较小的情况下，食用豆价格走势总体平稳，但不同豆种因生产上市期与消费高峰期的错配，在一年内，季节成分对食用豆价格波动有一定影响。

1. 绿豆、红小豆价格走势连年呈右下方倾斜特征

近 5 年绿豆价格走势趋于一致，曲线向右下方倾斜（图 8-1），呈现年初价格高，随后持续下降的趋势特征，价格整体波动幅度不大。2020 年 1—8 月，受新

冠肺炎疫情影响，市场成交量较低，绿豆价格为近五年最低。随着中国进入后疫情时代，市场回暖，9月起绿豆价格有所回升。

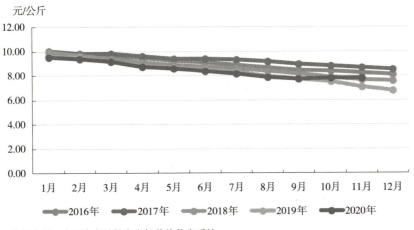

数据来源：全国农产品批发市场价格信息系统

图 8-1　近 5 年绿豆价格走势

近 5 年，红小豆价格走势与绿豆基本一致，均呈现右下方倾斜的走势特征（图 8-2），价格由年初到年末一路走低。与绿豆不同的是，2020 年红小豆价格明显高于 2018 年、2019 年。上半年，红小豆价格与 2018 年、2019 年价格基本持平，下半年，随着市场活性增强，红小豆价格下降速度减缓，下跌幅度明显小于 2018、2019 年度价格。

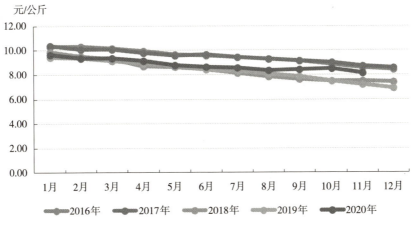

数据来源：全国农产品批发市场价格信息系统

图 8-2　近 5 年红小豆价格走势

2. 蚕豆、豌豆价格波动特征明显，5 月成为重要拐点

近 4 年，蚕豆价格波动较大且波动频繁，价格整体呈下降趋势（图 8-3）。分阶段看，蚕豆价格于每年 5 月份出现明显拐点。1—5 月，蚕豆价格基本上经历了先上升后下降的趋势特征，5 月份以后，价格开始回暖。分年度看，2020 年蚕豆价格明显高于其他年份，且价格涨落幅度更是高于往年。

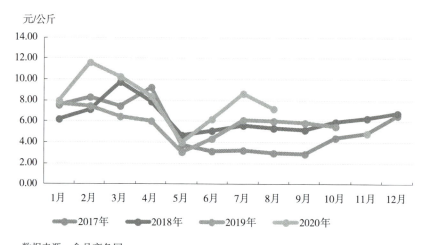

数据来源：食品商务网

图 8-3　近 4 年蚕豆价格走势

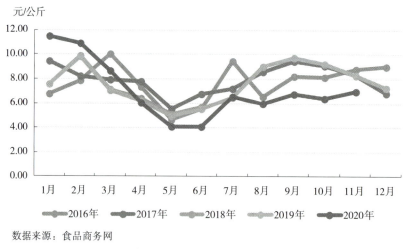

数据来源：食品商务网

图 8-4　近 5 年豌豆价格走势

从阶段上看，5 月份豌豆价格触底，成为豌豆价格走势的重要拐点（图 8-4）。5 月份以前，豌豆价格呈现快速下降趋势，之后豌豆价格触底反弹，开始上升。2020 年豌豆价格走势与 2016 年更为类似，但第二季度以后，豌豆价格整体低于

以往年份。这主要是受全球新冠肺炎疫情影响，国内外豌豆价格联动，导致国内豌豆的价格下降。

3. 黑豆价格较为稳定，价格变动平缓

近5年，黑豆价格较为稳定，全年价格有小幅增减（图8-5）。分阶段看，5月和9月是黑豆价格出现极值的主要月份，价格或出现触底反弹，或出现触顶下落的走势特征。2020年上半年，受新冠肺炎疫情影响，黑豆价格明显低于其他年份，但下半年随着市场活性增强，黑豆价格回暖，7月起，黑豆价格与2020年基本持平。

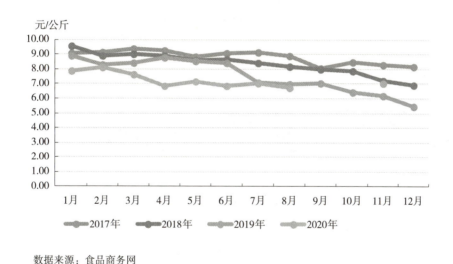

数据来源：食品商务网

图8-5　近4年黑豆价格走势

4. 豇豆价格起伏明显，7月成为明显拐点

近五年，豇豆价格呈现先增长、后下降、再增长的趋势特征（图8-6）。1—2月，豇豆价格保持上升趋势，但2月以后，豇豆价格持续下降，直到7月份达到一年价格中的最低点。7月份以后，价格开始回升。与其他豆类品种不同的是，与其他年份相比，2020年豇豆价格并未出现明显下降，反而在第三季度，豇豆价格成为近五年豇豆价格的峰值。

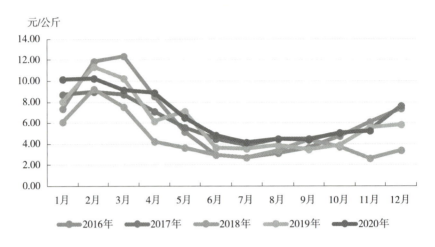

数据来源：食品商务网

图 8-6　近 5 年豇豆价格走势

二、食用豆价格的生产者决策分析

从长期来看，食用豆的供给是影响价格变动的主要因素，而且影响价格变动的外部冲击也影响市场供给。食用豆作为一种农产品，种植户的生产决策是影响市场供给的最直接因素。目前，食用豆行业普遍种植的规模化、组织化、集约化、机械化程度较低，单个种植者对市场价格没有影响；政策性保险覆盖面不高，种植户主要"靠天吃饭"，自然环境较为显著地影响产量和收入；种植户的市场信息获取和分析能力有限，生产和销售具有一定盲目性，"追涨杀跌"情况较为普遍等。上述情况在粮食种植业中普遍存在。鉴于食用豆种植者的决策模式基本一致，以绿豆为例详细分析生产者决策。郭永田等（2014 年）于 2011 年和 2012 年在白城市开展抽样调查，获取 424 个农户样本，7 个小杂粮加工与贸易企业样本、10 个小杂粮经纪人样本及 31 个村庄基本材料，建立了绿豆种植户决策行为分析模型（Logistic 模型），做出了精准的定性和定量分析。

（一）基本情况

1. 种植户特征

白城市种植绿豆农户户主平均年龄为 43.8 岁，低于全国平均 48 岁的水平；当地受教育水平相对较低，种植户文化程度主要集中在初中以下，家庭劳动力最高文化程度为小学及文盲的比例占 15.1%，初中占 57.1%，高中、中专或以上的占27.8%，从事农业生产的劳动力占劳动力总数的比例平均为 88%，说明样本农户主要从事的行业是农业，打工行为不多见。调研中发现，部分农户只在本村农忙时有零散的打工行为，且不占用自身从事农业生产时间，获得的收入在总收入中所占的份额较小；还有的农户有亲戚朋友间的帮工行为，不计报酬。

2. 绿豆种植耕地条件

白城市种植绿豆农户平均经营土地规模 95.2 亩，平均每户种植绿豆面积 31.6亩，占农户所有土地面积的 33.2%。在劳动力投入上，绿豆每亩用工量为 1.39 个人工，加之东北地区绿豆种植机械化水平较高，相比其他地区绿豆种植对劳动力的要求更低。在灌溉条件上，有 60.28% 的耕地没有或灌溉条件较差，剩下39.72% 的耕地灌溉条件一般或者很好。

3. 种植户销售特点

农户的绿豆销售渠道仍然很单一，上门收购的小商贩为最主要的渠道，84.1% 的农户将绿豆卖给了上门收购的小商贩，2011 年绿豆平均销售价格为 6.38元/公斤。产地批发商和公司的绿豆收购价格虽然高于小商贩，但是他们往往对绿豆的要求标准较高，且需要农民自己运输到交易地点，有 10.8% 的农户是通过自己运输的方式将绿豆卖给经营规模更大的产地批发商，3.5% 的农户将绿豆直接卖给了公司，绿豆销售价格分别为 6.41 元/公斤和 6.52 元/公斤，考虑到人工成本和运输成本，与批发商或公司的绿豆交易成本要高于小商贩。仅有 1.6% 的农户在市场上直接销售绿豆或者通过合作社实现销售，绿豆平均销售价格为 6.43 元/公斤。

（二）种植决策影响分析

1. 耕地条件对绿豆生产有正向作用

农户拥有的耕地面积越大，种植绿豆的意愿越强烈。原因在于受前几年绿豆市场行情一路走高的影响，拥有更多耕地面积的农户理所当然会倾向于种植经济效益更高的作物，耕地面积大对绿豆生产有更好的规模效益。

2. 灌溉条件对绿豆生产有正向作用

耕地灌溉条件越好，农户越倾向于种植绿豆。虽然绿豆是较为耐旱的作物，但在其一定生长时期（如花荚期）内，仍然需要较多雨水。良好的灌溉条件会增加农户种植绿豆的意愿。

3. 推广条件对绿豆种植有正向作用

参加技术培训使农户种植绿豆的意愿有显著性增强，这与卓有成效的农技推广工作密不可分。调查中发现，当地许多农户都十分欢迎农技人员深入农村田间地头，这样他们可以有更多机会获得新品种和接受新技术。

4. 农民合作组织的建设对绿豆种植有正向影响

田野调查表明，加入农业合作社提高了农户的议价能力，从而增强了农户种植绿豆的积极性，加入合作社提高了农民种植绿豆的积极性。

5. 生产资料投入品市场对农户收入有负向作用

化肥是种植绿豆的主要成本。种植绿豆的化肥价格越高带来的生产成本越高，会减少农户的净收入，从而会削弱农户种植绿豆的积极性。

6. 对其他粮食作物种植的支持政策对绿豆种植有负向影响

对玉米等粮食作物的生产补贴和价格支持将体现在销售价格上。作为竞争性作物的价格与农户种植绿豆的意愿呈负相关关系，即竞争性作物的价格越高，农户种植绿豆的积极性就越低。今后国家在财政支持层面，应充分考虑不同地区农业生产的实际情况，应当将绿豆等纳入国家财政支持的范围。

（三）销售决策影响分析

1. 由借贷引起的流动性约束、家庭绿豆仓储设施条件与财富水平等因素影响着农户绿豆销售行为

增强家庭的流动性可以降低农户在绿豆刚收获后大量集中销售的可能性，避免因资金紧张以低价销售绿豆，使农民有更大的自由来等待价格比较高的时候销售其绿豆。财富水平也是影响农户绿豆销售行为的重要因素之一，越富裕的农户绿豆销售时间的选择越自由，在绿豆价格较低时，贮藏收获的绿豆，以期获得更高的收益。

2. 拥有绿豆仓储设施的农户可以推迟绿豆销售时间

这一方面能降低绿豆收获季节市场供过于求、市场价格下跌的风险，避免被动地接受当前较低的市场价格；另一方面有利于农户待绿豆消费高峰期时价格上涨再出售绿豆，获取较高的绿豆收益。

3. 家庭财富水平影响农户绿豆销售时机选择

家庭生产性固定资产现值与农户绿豆销售时机选择呈负相关关系，即当农户家庭财富水平越来越高时，农户更多地选择持豆观望，待价而沽，选择合适的价格出售绿豆以获得更高的收入。

4. 农户家庭到集市距离近对农户绿豆销售时机具有积极影响

农户居住地距离集市越远，越倾向于尽早地销售绿豆。这种现象可能的原因是：集市往往坐落于乡（镇）政府所在地，也是产地批发商较为集中的地方，农户距离集市距离越远则交易成本越高，所以居住地距离远的农户更倾向于在新豆刚上市、交易较为活跃的时期，将绿豆卖给上门收购的小商贩，避免过后只能选择自己运输到距离较远的产地批发地，增加交易成本。

5. 在本次调查的不同年份，农户销售绿豆的时机有所不同

2012 年受调查的农户在新豆刚上市就销售的意愿强于 2011 年的农户。主要的原因可能有两点：①2011 年绿豆价格较低，部分农户积压了大量绿豆，在 2012 年新豆收货后，由于仓储设施的限制和资金周转的需要，不得不较早地销售绿豆；②2012 年绿豆价格较 2011 年略有回升，但幅度有限，一些农户对于后市价格预期仍不乐观，认为价格短期内上涨的希望较小，因此较早地销售绿豆以回笼资金。

三、食用豆价格的产业链传导分析

食用豆是居民改善膳食营养搭配的重要选择，消费偏好与历史文化和饮食传承相关，消费量较为稳定且一般不会发生剧烈变化。消费并不会直接影响食用豆价格，而是通过产业链、价值链将消费信号传导到上游市场，影响食用豆的需求变动进而影响价格（生产者的供给信号也会经过同样的链条传导至消费市场，进而影响消费品价格）。在这一过程中，消费信号具有较为明显的季节性、区域性和稳定性，产业链上的收购、加工、流通等环节的企业和个人接受并分析消费市场传导的信号，从收益最大化角度作出食用豆收储和流通决策。由于食用豆的产地和集散地较为集中，流通环节的主体有较强的议价权，对价格波动的影响相对较大。以绿豆为例，郭永田等（2014 年）在抽样调查分析中，对绿豆产业链上各主体进行了画像。

（一）经纪人是收购主体

经纪人主要指小商贩和产地批发商。小商贩多是本地农民，他们收购本村以及本乡其他村的绿豆。小商贩的经营规模较小，多为代收代储的中小户，基本不囤货，随收随走，平均流动资金需要 30 万元，年平均经销绿豆 65 吨。2011 年小商贩直接

从农民手上收购的绿豆占 95％以上，有一小部分来自其他小商贩。在新豆刚上市的
9 月、10 月和 11 月，绿豆小商贩较为活跃，而过了 11 月份交易开始进入冷淡期，
此时大部分小商贩停止了当年的收购活动。小商贩收购的绿豆有 75％销售给当地的
企业，25％卖给本乡（镇）附近的产地批发商。

（二）产地批发商能够择时交易

产地批发商经营规模较大，流动资金在 100 万元以上，仓库贮藏能力在 200
吨以上。2011 年产地批发商从小商贩收购绿豆的比例占 70％，其余从农民手中直
接收购，多数为农民自己运输到批发商处。产地批发商一般常年收购绿豆，有些
批发商会根据经验贮藏一定数量的绿豆，待价格好时再上市交易。产地批发商一
般拥有较为固定的客户资源，收购的绿豆中 94.5％卖给国内经销商，5.5％的绿
豆卖给当地企业。

（三）加工企业产品附加值相对较低

目前，白城市小杂粮加工业整体发展比较滞后，基本处于初级加工阶段，多
以原粮或初加工产品包装销售，精深加工企业、多层次深加工的高技术含量产品
匮乏。白城市现有的杂粮加工企业基本可分为两种类型：①原粮贸易企业，多为
外贸公司转型而来，起步较早，实力较为雄厚，主要从事原粮精选分级的对外贸
易；②初加工企业，各县区近年来发展较快，多开展精选和简单加工，再以小包
装制成礼盒投入市场。

（四）国内经销商缺乏统一管理

白城市小杂粮市场覆盖了吉林省西部、黑龙江西南部、内蒙古兴安盟、通辽
市等地区生产的小杂粮，已经初步形成了覆盖全国的销售网络，成为东北地区重
要的杂粮集散中心，其中白城市的洮南市杂粮杂豆贸易市场已经发展为全国第二
大杂粮杂豆专业批发市场，500 多家以经销杂豆为主的企业，其中 41 家企业的固

定资产超过了千万元，52 家企业有进出口经营权，年经销杂豆量达 12.5 万吨。由于缺乏统一的规划与管理，全市小杂粮经销企业各自为战，没有充分发挥产量和品质优势，供应链整体效益较低。

从"生产—流动—消费"这个链条来看，上述市场主体可以统称为"中间商"（加工环节虽然有一定的附加值，但附加值较低）。乔敏（2015 年）指出，当前我国小宗农产品流通环节过多，从小商贩到大商贩，再到批发市场，最后到消费者，各环节逐级加价，使成本不断增加，最终只能由消费者承担，而农民却难以受惠。在过多的流通环节中，信息、资金等要素流动出现滞后、错位，导致供需信号无法实时反映市场真实情况。同时，市场配套设施不健全，政府监管不足，很难有效调节中间环节的不合理利润，导致流通运行成本高，产业链经济效益低。这为中间环节的小宗农产品存量控制与价格操纵提供了可能。正是由于上述问题的存在和中间商的双重角色，使得中间商的行为势力难以被制衡，作为链接农民和消费者的桥梁，他们凭借链接产销的优势，独占真实的市场信息，制造信息陷阱，造成生产者和消费者的供需价格错觉，加大了价格异常波动的风险。从食用豆种植户来看，农户组织化程度较低，信息的获取和分析能力不足，在与中间商的博弈中容易陷入"囚徒困境"。具体来看，单个农户力量微弱，信息闭塞，难以建立起与中间商抗衡的组织体系，也无力独自打开销路。在"囚徒困境"中，农民个体理性决策将导致集体非理性决策，往往导致"追涨杀跌"，强化中间商的优势地位，而不被制衡的中间商，可以有效利用主动地位，压低农民的出售价格，抬高自身环节的销售价格，通过层层加价，优先保障自身在产业链中的收益，实现"旱涝保收"。与之相对，农民在生产环节投入人力、资金，有时收益并不能弥补生产成本，这在一定程度上挫伤了种植积极性。张瑛等（2012 年）等认为，市场总体规模较小、产地相对集中、耐储藏的农产品，更容易发生企业控制产业的现象。农业产业链的主要垄断势力特别是大中型零售商由生产、加工环节向农产品销售环节转移，更容易导致流通环节成为农产品价格提高的推手。

四、影响食用豆价格的市场外冲击分析

（一）政府政策影响

目前，我国对不同的粮食种类实行的政策有所不同，存在重主粮、轻杂粮的倾向。由于政府对食用豆的政策扶持相对较少，市场监管相对较松，食用豆价格易受操控，发生幅度较大的涨跌情况。政府政策的缺失主要体现在以下几个方面。

1. 市场调控政策和手段还存在不足

食用豆没有类似主粮品种的临储收购、最低价收购、目标价格试点等政策，也没有建立有效的国家储备体系，对于食用豆市场可能存在的供需失衡或垄断情况，缺乏有效的调控手段。

2. 尚未建立权威的食用豆市场信息发布平台

乔敏（2015年）认为，食用豆等农产品市场具有信息零散的特点，收集与处理信息需要大量时间和成本。目前，国家尚未建立专门的食用豆市场信息发布平台，利用种植、加工、流通、消费以及气候等数据，引导农户理性种植食用豆，防止"追涨杀跌"。

3. 政策性保险覆盖面还相对较低

近年来，国家大力推行政策性农业保险，但由于农业的弱质性，覆盖面还相对较低，尚无专门针对食用豆的农业政策性保险产品，农户种植食用豆面临的风险和损失没有兜底保障。

（二）货币供应影响

古典和新古典经济学派坚持货币中性论，即货币供应的增减只导致商品价格的

同比例、同方向变动，不会影响商品的实际价格，商品的实际价格由供求关系决定。货币主义学派则坚持短期货币非中性而长期中性，即货币供应量变动只能在短期内影响实际产出（供求），从长期看不影响实际产出。凯恩斯学派则认为货币对实际经济有重要影响，是非中性的。张树忠等（2012 年）研究分析了货币供应量与小宗农产品的价格关系，认为短期内货币供应量的增加会提高小宗农产品的实际价格水平；在较长的时间段内，货币供应量对小宗农产品价格的冲击仍然较大，但影响幅度逐渐减小。由于小宗农产品市场竞争程度高，短期合约比较普遍，加上小宗农产品生产周期长等导致短期供给价格弹性比较小，市场价格调整的灵活度相对较高。在出现货币收缩的情况下，小宗农产品实际价格会快速下降，反之亦然。

（三）替代效果影响

食用豆作为杂粮的一个大类，是我国居民传统饮食的重要内容和营养安全的重要保证，长期需求价格弹性较低。郭永田（2014 年）认为，自 20 世纪 90 年代初期到现在，随着食品消费以解决口粮安全为主转向解决营养安全为主，我国食用豆消费呈现缓慢增长态势，并且未来消费量将进一步稳定上升。从食用豆的各个豆种来看，相互之间存在一定的消费替代性，这导致食用豆各个豆种之间存在价格变动的关联性，单个豆种的需求价格弹性相对较高。例如，在 2010 年绿豆价格大幅上涨的同时，黑豆价格也出现了翻番式的暴涨。此外，虽然食用豆的供需、产业链、政策等因素是影响价格波动的主要因素，但食用豆的国际贸易不断深化，进出口替代效应也会影响国内食用豆市场供求变化。例如，郭永田等（2014 年）在抽样调查中发现，白城市洮南市杂粮杂豆贸易市场的经销商以外销为主，87.7％的绿豆用于出口。

参考文献

郭永田，2014. 中国食用豆产业的经济分析 [D]. 武汉：华中农业大学.

乔敏，2015. 我国小宗农产品价格形成的博弈分析 [J]. 公共财政研究，（05）：85-96.

张超，李超，2014. 我国原粮与杂粮价格的趋势周期差异分析 [J]. 江汉论坛，（02）：61-66.

张树忠，刘磊，2012. 小宗农产品价格波动及货币供应量的影响——基于蛛网模型和 VAR 模型的数理和实证研究 [J]. 金融理论与实践，（11）：75-79.

张瑛，钟珏 .2012. 我国小宗农产品市场调控机制研究——以绿豆为例 [J]. 江苏农业科学，40（04）：410-412.

Chapter 9

第九章

我国食用豆产业的国际竞争力
（2010—2020）

中国是食用豆生产和消费大国，也是贸易大国。我国自 2013 年起从食用豆出口大国转向净进口大国，是全球第二大食用豆进口国，仅次于印度。食用豆出口位居全球第九位，我国食用豆出口豆多用于国外消费者直接食用或作为加工原料，进口豆多用作国内食品加工业或饲料业的替代性原料。从产品来看，我国食用豆进口主要品种为干豌豆，主要出口品种为芸豆、红小豆、绿豆和蚕豆。目前中国国内食物需求正从"量"向"质"转变。由于丰富的营养和独特的保健功效，食用豆成为改善居民营养结构的重要食物。同时，食用豆因其可部分替代玉米和大豆提供的蛋白质和能量，也被广泛用于饲料加工。系统分析中国食用豆贸易形势和演变特征对于促进国内食用豆产业发展和制定相关贸易应对策略具有积极意义。

本章采用目前国际竞争力分析研究中常用的国际市场占有率、贸易竞争指数、显示性比较优势指数等指标来考察中国食用豆产品参与国际竞争的市场结果，并进行国际比较分析。研究采用按贸易量所占份额和数据可获得性，本部分研究的 2010—2020 年的食用豆（0713）品种按海关 HS 编码商品分类有：071310 豌豆、071320 鹰嘴豆、071331 绿豆、071332 红小豆、071333 芸豆、071334 干巴姆巴拉豆、071335 豇豆、071340 扁豆、071350 蚕豆、071360 木豆和 071390 种用干豆。

一、出口形势分析

按出口贸易量所占份额，出口形势分析所研究的食用豆（0713）品种按海关 HS 编码商品分类应包括：豌豆（071310）、绿豆（071331）、红小豆（071332）、芸豆（071333）、扁豆（071340）和蚕豆（071350）。

（一）出口量明显下降

2010—2020 年，我国食用豆年均出口量为 64.55 万吨，年均增长率为

－10.32％；豌豆年均出口量为 0.12 万吨，年均增长率为－10.82％；绿豆年均出口量为 11.66 万吨，年均增长率为－1.08％；红小豆年均出口量为 5.15 万吨，年均增长率为－1.18％；芸豆年均出口量为 43.34 万吨，年均增长率为－15.07％；扁豆年均出口量为 1.46 万吨，年均增长率为－8.75％；蚕豆年均出口量为 1.25 万吨，年均增长率为－7.99％。总体上看，2010—2020 年我国主要食用豆出口量显著下降，食用豆出口规模逐年缩减，其中豌豆、芸豆、扁豆、蚕豆等产品的出口量下滑显著。

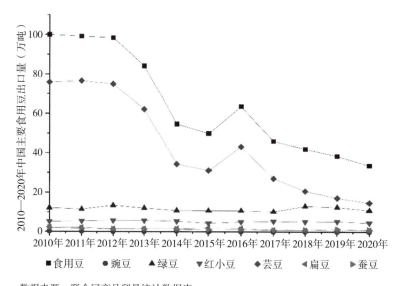

数据来源：联合国商品贸易统计数据库

图 9-1　2010—2020 年中国主要食用豆出口量

（二）出口结构改变

出口结构方面，芸豆、绿豆和红小豆是我国传统出口创汇豆种。2010—2020 年，芸豆占比从 2010 年的 78％下降到 2020 年的 46％，占比减少 32％；红小豆占比自 2010 年的 5％上升到 2020 年的 14％，占比增加 9％；绿豆占比自 2010 年的 12％上升至 2020 年的 32％，占比增加 20％，豌豆占比极小，蚕豆、扁豆占比较为稳定，二者最高峰时曾达到占比 4％，但仍属于出口结构中比例较小的产品。总体上看，我国增加了绿豆、红小豆的出口，减少了芸豆的出口。

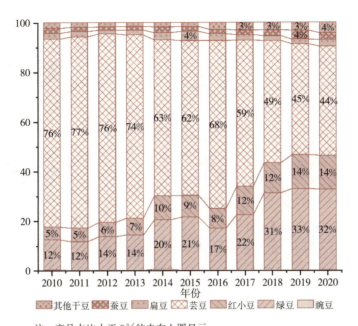

注：产品占比小于3%的未在上图显示

数据来源：联合国商品贸易统计数据库

图 9-2　2010—2020 年我国食用豆出口结构

（三）出口市场趋于集中

2010 年，印度、南非、日本、委内瑞拉和巴西是中国食用豆出口的前五大国；2015 年，印度、日本、意大利、越南和南非为中国食用豆前五大出口国；2020 年，日本、印度、越南、韩国、古巴为中国食用豆前五大出口国，日本、古巴、印度、意大利、南非、韩国、越南等是中国食用豆传统出口国，其中亚洲国家在出口国前五名中的占比逐年提升，显示中国食用豆近年来出口目的地逐渐集中到中国周边国家和地区，图 9-3 中可见中国周边以外其他国家占比自 2010 年的 62％下降到 42％，总体下降 20％，呈现出口市场集中率逐年增加。此外，主要出口国出口占比稳定上升，向日本出口占比从 2010 年的 7％上升至 2020 年的 17％，向印度出口占比从 2010 年的 8％上升至 2020 年的 13％，向越南出口从 2015 年的 7％上升到 2020 年的 11％。

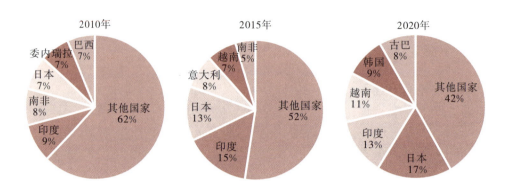

数据来源：联合国商品贸易统计数据库

图 9-3　2010、2015、2020 年中国食用豆主要出口国及所占比例

二、进口形势分析

按进口贸易量所占份额，进口形势分析所研究的食用豆（0713）品种按海关 HS 编码商品分类，主要包括：豌豆（071310）、绿豆（071331）、红小豆（071332）、芸豆（071333）、鹰嘴豆（071340）和扁豆（071340）。

（一）进口大幅增加

2010—2020 年，中国食用豆年均进口量为 139.29 万吨，年均增长率为 16.69%；豌豆年均进口量为 126.86 万吨，年均增长率为 18.07%；绿豆年均进口量为 6.00 万吨，年均增长率为 9.94%；扁豆年均进口量为 0.57 万吨，年均增长率为 17.33%；芸豆年均进口量为 0.18 万吨，年均增长率为 54.63%；鹰嘴豆年均进口量为 0.18 万吨，年均增长率为 54.63%；红小豆年均进口量为 0.62 万吨，年均增长率为 52.99%。2010—2020 年我国主要食用豆进口量总体呈上升趋势，食用豆进口规模呈扩大趋势，其中扁豆、芸豆、鹰嘴豆和红小豆近年的进口量上涨最为显著。

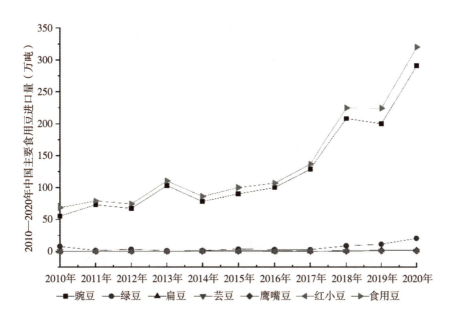

数据来源：联合国商品贸易统计数据库

图 9-4　2010—2020 年中国主要食用豆进口量

（二）豌豆为主要进口产品

进口结构方面，第一大宗进口食用豆品种为豌豆，进口量占比自 2010 年的 81%，上涨至 2020 年的 91%，并在 2011—2020 年间占比维持在 90%，说明豌豆进口需求稳定。第二大进口食用豆品种为绿豆，2010 年占比为 12%，2011—2017 年总体呈下降趋势，2018—2020 年以每年 1% 速度增长。其余进口产品红小豆、鹰嘴豆、芸豆、扁豆等在进口结构中占比较小。

（三）进口地高度集中

2010 年，加拿大、缅甸、美国、印度和澳大利亚是中国食用豆的前五大进口国；2015 年，加拿大、美国、印度、缅甸和朝鲜是中国食用豆前五大进口国；2020 年，加拿大、美国、缅甸、法国、乌兹别克斯坦为中国食用豆前五大进口国。加拿大是我国最大的食用豆进口来源国，从 2010 年进口量占 70% 上升至

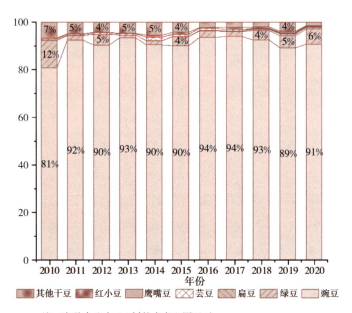

注：产品占比小于 3% 的未在上图显示

数据来源：联合国商品贸易统计数据库

图 9-5　2010—2020 年我国食用豆进口结构

2020 年的 85%，在进口市场中占据"垄断"地位。其他重要食用豆进口国进口量占比呈下降趋势，美国占比自 2010 年的 10% 下降至 2020 年的 4%，缅甸占比自 2010 年的 14% 下降至 3%。自其他食用豆进口国家进口的比例上升，从 2010 年的 1% 上升至 2020 年的 5%。

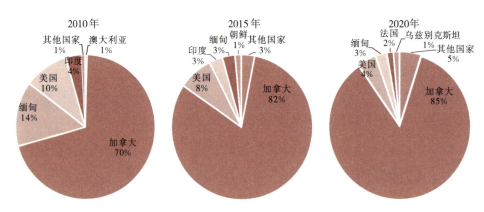

数据来源：联合国商品贸易统计数据库

图 9-6　2010、2015、2020 年中国食用豆主要进口国及所占比例

三、进出口价格

（一）出口价格波动较大，总体上涨

2010—2020 年，总体食用豆出口价格呈波动上涨趋势，年均价从 2010 年的 835.93 美元/吨上升至 2019 年的 1 379.06 美元/吨，年均增长率为 5.13%。主要食用豆产品出口价格也以上涨为主，具体如下：豌豆年均价自 2010 年的 727.58 美元/吨上涨至 2020 年的 1 583.43 美元/吨，年均增长率为 8.09%；绿豆年均价自 2010 年的 1 417.85 美元/吨上涨至 2020 年的 1 660.62 美元/吨，年均增长率为 1.59%；红小豆年均价自 2010 年的 1 297.02 美元/吨上涨至 2020 年的 1 403.05 美元/吨，年均增长率为 0.79%；芸豆年均价自 2010 年的 705.37 美元/吨上涨至 2020 年的 1 214.08 美元/吨，年均增长率为 5.58%；扁豆年均价自 2010 年的 765.88 美元/吨上涨至 2020 年的 817.28 美元/吨，年均增长率为 0.65%；蚕豆年均价自 2010 年的 882.17 美元/吨上涨至 2020 年的 1 099.38 美元/吨，年均增长率为 2.23%。

从图 9-7 可见，食用豆的出口价格波动幅度较大，其中又以绿豆、芸豆、豌

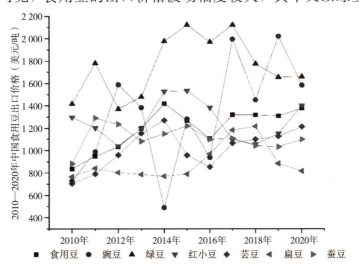

数据来源：联合国商品贸易统计数据库

图 9-7　2010—2020 年中国食用豆出口价格变动

豆、红小豆的价格曲线波动幅度最大。豌豆、绿豆、芸豆和蚕豆的价格上涨速度较快，红小豆和扁豆的价格上涨速度较为缓慢。

（二）进口价格较为稳定，部分产品价格回落

2010—2020年，总体食用豆进口价格呈稳定下降趋势，年均进口价从2010年的398.77美元/吨下降至2019年的334.26美元/吨，年均增长率为−1.75%。主要食用豆产品的进口价格具体如下：豌豆年均价自2010年的314.23美元/吨下降至2020年的282.12美元/吨，年均增长率为−1.07%；鹰嘴豆年均价自2010年的522.08美元/吨上升至2020年的611.53美元/吨，年均增长率为1.59%；绿豆年均价自2010年的749.52美元/吨上升至2020年的892.79美元/吨，年均增长率为1.76%；红小豆年均价自2010年的1 316.06美元/吨下降至2020年的981.50美元/吨，年均增长率为−2.89%；芸豆年均价自2010年的686.82美元/吨下降至2020年的685.41美元/吨，年均增长率为−0.02%；扁豆年均价自2010年的370.91美元/吨上升至2020年的581.39美元/吨，年均增长率为4.60%。

从图9-8可见，主要食用豆产品的进口价格波动幅度较小，鹰嘴豆进口价格波动幅度较大。豌豆、红小豆、芸豆的价格趋于负增长，其中红小豆的价格下降

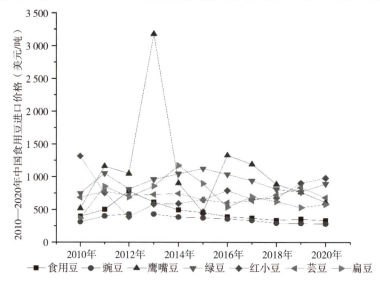

数据来源：联合国商品贸易统计数据库

图9-8　2010—2020年中国食用豆进口价格变动

最为明显，鹰嘴豆、绿豆和扁豆的进口价格为正增长，其中扁豆的价格上涨最为明显。因此，总体食用豆进口价格的下降是受到主要进口产品豌豆的影响。

四、国际竞争力分析

（一）主要出口国食用豆国际市场占有率的比较

国际市场占有率（以下简称 MS）是指一国某类产品出口额占全世界该类产品出口总额的比例，可用来比较若干国家（地区）某种产品国际竞争力的强弱。某类产品的国际市场占有率越高，则表明该类产品的国际竞争力越强。国际市场占有率也可用来分析国际竞争力强弱的动态变化，如果在一定时期内某产品的国际市场占有率有所提高，则说明其国际竞争力在增强；反之，则说明其国际竞争力呈下降趋势。

该指标在国际竞争力比较中被广泛采用。用公式表示为：

$$MS_{ij} = X_{ij}/X_{wj}$$

式中 MS_{ij} 是 i 国 j 产品的国际市场占有率，X_{ij} 是 i 国 j 产品的出口总额，X_{wj} 是世界 j 产品的出口总额。

联合国贸易数据库（UNCOMTRADE）的数据显示，世界食用豆的最大出口国是加拿大，其国际市场占有率 10 年内虽有波动起伏，但总体呈上升趋势，从2010 年的 26.61％提高到 2020 年的 27.99％。缅甸、美国、澳大利亚、土耳其和中国的国际市场占有率较高，在 2020 年分别是 10.09％、8.18％、7.99％、5.18％和 4.06％。与 2010 年相比，加拿大、澳大利亚和土耳其的食用豆国际市场占有率有所提高，缅甸和美国有小幅度下降，而中国下降幅度明显。中国2013—2014 年的国际市场占有率下滑最为明显，并在此后不断下滑。加拿大食用豆的国际市场占有率波动幅度较大，10 年内最低值为 2012 年的 18.96％，峰值为 2015 年的 29.48％，总体水平在 25％左右。缅甸的国际市场占有率波动幅度也较大，2012 年出现峰值 15.04％，但总体上仍维持在 10％左右的水平。美国的国际市场占有率波动幅度较小，波动幅度为7％～10％，整体上呈波动下滑的趋势。澳大利亚的国际市场占有率2015—2017年维持在一较高水平，其他年份几乎都在10％以下。土耳其的国际市场竞争力在2019年前都较低，直到2020年，其国际市场占有率超过了中国，成为食用豆出口市场中市场占有率前五位的国家。

表 9-1　世界主要出口国食用豆国际市场占有率变化（％）

年份	加拿大	缅甸	美国	澳大利亚	土耳其	中国
2010	26.61	11.44	9.43	7.28	3.56	10.80
2011	25.57	11.78	7.47	9.17	2.87	10.64
2012	18.96	15.04	8.51	11.65	2.12	10.28
2013	28.41	8.92	9.18	8.86	2.23	10.60
2014	28.79	8.80	9.08	7.92	2.41	7.70
2015	29.48	11.31	7.20	11.83	2.84	5.65
2016	25.58	11.39	8.35	12.49	2.79	5.77
2017	22.04	7.61	8.56	18.70	2.48	5.03
2018	22.13	7.80	7.35	7.94	3.65	5.87
2019	23.91	9.41	7.96	7.18	4.78	5.19
2020	27.99	10.09	8.18	7.99	5.18	4.06

数据来源：联合国商品贸易统计数据库

（二）主要出口国食用豆贸易竞争指数的比较

贸易竞争指数（Trade Specialization Coefficient，以下简称 TC），是一个国家某类产品的进出口贸易差额与该国该类产品的进出口贸易总额之比，表明该国是某类产品的净出口国还是净进口国，以及净进口或净出口的相对规模，从而反映某国生产的某种产品相对于世界市场上其他出口国家的该种产品是处于生产效率的竞争优势还是劣势以及优劣势的程度，用以衡量一国某产品的国际竞争力，也可以用来比较不同国家之间同种产品的竞争力。

贸易竞争指数的计算公式为：

$$TC_{ij} = \frac{X_{ij} - M_{ij}}{X_{ij} + M_{ij}}$$

式中 TC_{ij} 为贸易竞争指数，X_{ij} 是 i 国 j 产品的出口总额，M_{ij} 是 i 国 j 产品的进口总额。TC_{ij} 值大于零，表示 i 国的 j 产品为净出口，说明其具有较强的国际竞争力；绝对值越大，国际竞争力越强。TC_{ij} 值小于零，表示 i 国的 j 产品为净进口，说明其不具有或缺乏国际竞争力；绝对值越大，越缺乏国际竞争力[①]。

在世界食用豆的几个主要出口国里，加拿大、澳大利亚和缅甸的食用豆贸易竞争指数都很高，在 0.9 左右，表明其食用豆具有很强的国际贸易竞争优势。其中的缅甸在 10 年间一直保持很强的竞争优势（竞争指数多次为 1）且变化不大，澳大利亚的贸易竞争优势有所增强，从 0.93 上升到 0.95，加拿大的贸易竞争优势则是有所削弱，从 0.91 下降到 0.87。中国 2010—2011 年保持着中上的食用豆贸易竞争指数，在 2012 年具有 0.3 以下的低竞争优势，此后逐年下降，到 2020 年已经降为 −0.4，属于高竞争劣势。美国食用豆的贸易竞争指数也呈下降趋势，从 2010 年的 0.47 下降到 2020 年的 0.34，目前只有中等竞争优势。土耳其的贸易竞争优势属于先跌后涨，在 2018 年前主要具有低竞争劣势，2019 年上升至 0.09，属于低竞争优势。

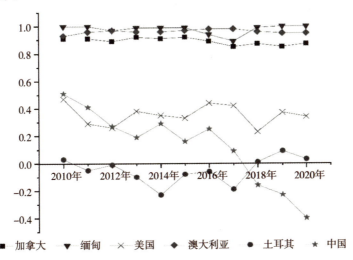

数据来源：联合国商品贸易统计数据库

图 9-9　世界主要出口国食用豆贸易竞争指数变化

---

① 一般而言，贸易竞争指数（TC）可分为以下几个等级：高竞争优势：$TC \geqslant 0.6$；中等竞争优势：$0.3 \leqslant TC < 0.6$；低竞争优势：$0 < TC \leqslant 0.3$；低竞争劣势：$-0.3 \leqslant TC < 0$；中等竞争劣势：$-0.6 \leqslant TC < -0.3$；高竞争劣势：$TC \leqslant -0.6$。

（三）主要出口国食用豆的显示性比较优势指数及变动

显示比较优势指数（Revealed Comparative Advantage，以下简称 RCA）是一个国家某种产品占其出口总值的份额与世界该种产品占世界出口总额的比率，用来表现一国某种产品的比较优势程度。计算公式为：

$$RCA_{ij} = (X_{ij}/X_{it})/(X_{wj}/X_{wt})$$

式中 RCA_{ij} 是 i 国 j 产品的显示比较优势指数。X_{ij} 表示 i 国 j 产品的出口额，X_{it} 表示 i 国全部产品的出口额，X_{wj} 表示世界 j 产品的出口总额，X_{wt} 表示世界所有产品的出口总额[①]。

从主要出口国的 RCA 指数上看，缅甸、美国的 RCA 指数呈下降趋势，加拿大、澳大利亚、土耳其的 RCA 指数呈上升趋势（表 9-2）。缅甸指数从 2010 年的 194.55 下降到 2020 年的 103.14，在 2012 年曾达到峰值 305.54，缅甸极高的 RCA 指数源于其国内出口结构，食用豆出口在缅甸的主要出口产品中占近 10%，缅甸的食用豆出口有极强的比较优势。美国的 RCA 指数自 2010 年的 1.11 下降到 2020 年的 0.99，大体上保持中等比较优势，除 2015 年变为较弱的比较优势（RCA＝0.79）。加拿大的 RCA 指数从 2010 年的 10.39 到 2012 年出现最低值 7.68，2013 到 2020 年呈波动上涨状态，并在 2020 年达到峰值 12.43，具有极强的比较优势。澳大利亚、土耳其也具有极强的比较优势，在 2010 年分别为 5.18 和 4.72，上升至 2020 年的 5.44 和 5.28，其中澳大利亚在 2015—2017 年有一段高 RCA 值时间。

表 9-2　2010—2020 年主要出口国食用豆 RCA 指数

年份	加拿大	缅甸	美国	澳大利亚	土耳其
2010	10.39	194.55	1.11	5.18	4.72
2011	10.30	262.94	0.92	6.18	3.86
2012	7.68	305.54	1.01	8.16	2.56

---

① 一般认为，若 $RCA>2.5$，则表示该国某产品具有极强的比较优势；$1.25 \leqslant RCA \leqslant 2.5$，则表示该产品具有较强的比较优势；$0.8 \leqslant RCA < 1.25$，表示该产品具有中等比较优势；$RCA<0.8$ 则表示该产品具有较弱的比较优势。其数值越小，比较劣势越明显

（续）

年份	加拿大	缅甸	美国	澳大利亚	土耳其
2013	11.75	147.31	1.10	6.51	2.77
2014	11.42	144.81	1.06	5.91	2.88
2015	11.78	162.41	0.79	10.15	3.24
2016	10.44	155.52	0.92	10.51	3.11
2017	9.20	96.30	0.97	14.31	2.77
2018	9.48	90.32	0.85	6.03	4.20
2019	10.03	97.38	0.91	4.94	4.95
2020	12.43	103.14	0.99	5.44	5.28

数据来源：联合国商品贸易统计数据库

（四）中国食用豆及其产品的显示性比较优势指数和变动

运用 RCA 指数比较研究发现，中国食用豆及各类具体豆种的国际竞争力在下降（表 9-3）。2010 年以来我国食用豆出口 RCA 指数逐年下降，2010 年为 1.03，2014 年降至 0.62，2017 年进一步降至 0.39，2020 年更是达到新低点 0.27。可见，我国食用豆整体出口竞争力在不断下降，且从具有比较优势变为处于比较劣势，国际竞争力弱。此外，芸豆、扁豆和蚕豆的 RCA 指数也处于下降态势，分别从 2010 年的 3.48、0.09、0.59 降至 2020 年的 2.52、0.07、0.48，其中主要出口产品芸豆的 RCA 指数下降趋势最为明显，与前文提及的我国食用豆出口形势在恶化的结论相一致。虽然我国食用豆国际竞争力整体在下降，但红小豆、绿豆仍有中等以上比较优势。例如绿豆，从 2010 年表现较强的比较优势（$RCA = 1.40$）到 2020 年表现极强的比较优势（$RCA = 2.64$）。红小豆的 RCA 指数在 2010—2020 年从 5.68 稳定上升到 8.22，具有极强的比较优势。所以，未来亟须稳定或提高我国绿豆和红小豆的市场竞争优势，以提升我国食用豆的整体国际竞争力。

表 9-3　2010—2020 年中国食用豆及其产品出口 RCA 指数

年份	豌豆	绿豆	红小豆	芸豆	扁豆	蚕豆	食用豆
2010	0.01	1.40	5.68	3.48	0.09	0.59	1.03

（续）

年份	豌豆	绿豆	红小豆	芸豆	扁豆	蚕豆	食用豆
2011	0.01	1.54	5.79	3.41	0.10	0.50	1.02
2012	0.01	1.06	5.82	3.54	0.08	0.39	0.92
2013	0.01	1.52	5.87	3.52	0.06	0.32	0.91
2014	0.01	2.21	7.43	2.81	0.08	0.47	0.62
2015	0.00	2.45	8.98	3.41	0.09	0.54	0.41
2016	0.01	2.02	9.20	3.82	0.11	0.58	0.43
2017	0.00	3.19	8.92	3.45	0.09	0.50	0.39
2018	0.01	3.25	6.94	2.42	0.10	0.41	0.45
2019	0.01	3.02	7.81	2.24	0.07	0.60	0.39
2020	0.02	2.64	8.22	2.52	0.07	0.48	0.27

数据来源：联合国商品贸易统计数据库

（五）CR 指数比较

市场集中度（Concentration Ratio，以下简称 CR）是对整个行业的市场结构集中程度的测量指标，是决定市场结构最基本、最重要的因素，集中体现了市场的竞争和垄断程度。因此衡量绿豆、红豆和芸豆这三类中国主要出口食用豆产品的 CR 指数，有利于进一步分析我国的食用豆出口国际竞争力。

通过对中国食用豆进出口市场集中率（即 CR5，前五大进口或出口国家的市场份额之和）的计算，全球食用豆出口的 CR 指数呈下降趋势，自 2010 年的 0.39 下降到 0.31，显示出口市场集中度下降，其中 2020 年食用豆出口前五国为加拿大、缅甸、美国、澳大利亚和土耳其，中国在第六位。论及我国的出口竞争力，绿豆、红小豆、芸豆是我国出口结构中较为强势产品，结合全球此三类产品的市场集中度，并主要呈下降趋势，分别从 2010 年的 0.93、0.83 和 0.75 下降至 2020 年的 0.83、0.81 和 0.55，其中芸豆的下降幅度最为显著，即芸豆的出口市场集中度有显著下降，芸豆主产国的出口能力下降，芸豆出口市场的垄断程度下降，同时中国的芸豆出口地位从 2010 年的排第一到 2020 年排第三。此外绿豆和红小豆的下降趋势较小，意味着绿豆以及红小豆的市场集中程度仍较高，出口市场垄断程度也较高，即前几位出口国家的市场竞争较为激烈，出口结构预期变化较小，

2010—2020 年，中国的绿豆和红小豆出口地位常年排在第二，主要的出口竞争对手是缅甸。

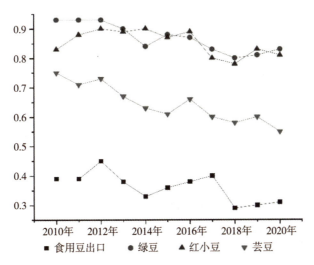

数据来源：联合国商品贸易统计数据库

图 9-10　2010—2020 年全球食用豆及其部分产品出口 CR5 指数

五、国际市场的冲击

近些年来，国外食用豆产业的迅猛发展给中国食用豆市场带来了冲击。世界食用豆产业发展较快，无论是种植面积、总产量都呈较快发展势头，贸易量更是连续 20 多年呈现年均 24% 的高速增长率，特别是一些发达国家，例如澳大利亚近年来发展绿豆、蚕豆等食用豆生产的势头较猛，加拿大发展豌豆生产，保持稳定对中国出口，而且食用豆规模化程度较高，竞争力较强，对中国食用豆产业形成挑战，中国食用豆长期以来的传统优势生产、出口大国地位受到威胁。

近几年，我国食用豆进口量呈快速增长态势，从 2010 年的 68.43 万吨增长到 2016 年的 106.97 万吨，进口的主要产品是豌豆，从 2010 年的 55.26 万吨增长到 2016 年的 100.16 万吨，主要来自加拿大、美国等发达国家。

以干豌豆为例，干豌豆主要用于粉丝加工，以满足城乡居民的消费需求，但是由于我国豌豆生产主要分散在农业生产条件较差的偏远地区，种植分散、规模较小、专业化程度低、单产水平低，导致干豌豆生产成本相对较高、品质的一致性不足；而加拿大、美国等发达国家的豌豆种植主要采用大农场规模化生产、机械化作业，单产水平高，豌豆质量稳定，并且单位生产成本低于我国，具有较强的价格竞争优势，导致我国豌豆加工企业大量进口加拿大、美国等国的豌豆，而使我国豌豆产业表现出高度的竞争劣势。

进口数量的不断增加，对我国食用豆生产造成一定影响，同时影响了我国食用豆的国际竞争力。

参考文献

白宏，2003. 中国主要农产品的国际竞争力研究. 中国农业大学博士学位论文［D］.

郭永田，2014. 我国食用豆国际贸易形势、国际竞争力优势研究［J］. 农业技术经济，(08)：69-74.

黄静波，赖伟娟，2004. 广东省出口产业比较优势分析［J］. 国际贸易问题，(01)：61-67.

郭永田，张蕙杰，2015. 中国食用豆产业发展研究［M］. 北京：中国农业出版社.

钱静斐，张蕙杰，2021. 中国食用豆贸易演变特征及现状分析［J］. 中国食物与营养，27 (02)：20-25.

Chapter 10

第十章

食用豆产业发展的国际经验

一、世界食用豆种植区域分布和主要种植品种

（一）世界食用豆的种植面积

世界食用豆的主要种植区域在亚洲和非洲。近十年，世界食用豆种植区域的分布变化较小，各大洲按收获面积排位前一至五位依次为亚洲、非洲、美洲、欧洲和大洋洲（表10-1）。2019年，亚洲的食用豆收获面积占世界食用豆总收获面积的50%，非洲食用豆收获面积占世界食用豆总收获面积的31%，美洲、欧洲和大洋洲分别占13%、5%、1%（图10-1）。

表 10-1　世界食用豆的收获面积

地区	2011 年 （万公顷）	2013 年 （万公顷）	2015 年 （万公顷）	2017 年 （万公顷）	2019 年 （万公顷）
大洋洲	111	114	151	220	115
欧洲	324	314	356	499	453
美洲	996	1 065	1 184	1 242	1 136
非洲	2 300	2 631	2 527	2 740	2 710
亚洲	4 076	3 806	3 927	4 815	4 362
世界合计	7 808	7 931	8 145	9 517	8 776

数据来源：联合国粮农组织

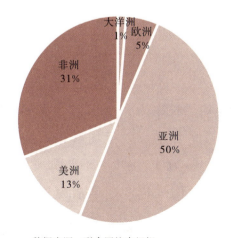

数据来源：联合国粮农组织

图 10-1　2019 年世界食用豆主要种植区域及占比

食用豆种类繁多，按照联合国粮农组织的目录分类主要有普通菜豆（beans, dry）、豌豆（peas, dry）、鹰嘴豆（chickpeas）、扁豆（lentils）、蚕豆（broad beans）、木豆（pigeon peas）、豇豆（cow peas）、巴姆巴拉豆（bambara beans）和其他干豆（pulsesnes）等，其中普通菜豆又包括黑绿豆（vigna mungo）、红小豆（small red beans）、芸豆（kidney beans）菜豆（dried beans）。2019 年，普通菜豆、鹰嘴豆、豇豆、豌豆、扁豆、木豆、其他干豆和蚕豆所占比例分别是 38%、16%、16%、8%、6%、6%、7% 和 3%（图 10-2）。

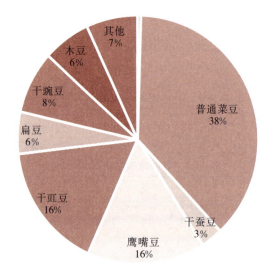

数据来源：联合国粮农组织

图 10-2　2019 年世界食用豆种植的主要品种收获面积及占比

（二）世界食用豆的总产量

世界食用豆产量 2010—2019 年总体呈上升趋势。2019 年，世界食用豆总产量达到 8 635 万吨，年均增长率为 2.39%。各大洲食用豆的产量增减不均，其中大洋洲的食用豆产量呈负增长，年均增长率为 −1.73%，美洲食用豆产量缓慢增长，年均增长率为 1.29%，亚洲和非洲的年均增长率分别为 2.48% 和 2.88%，而欧洲食用豆增产速度最为显著，年均增长率为 3.99%（表 10-2）。

表 10-2   2010—2019 年的世界食用豆产量

地区	2010 年（万吨）	2011 年（万吨）	2012 年（万吨）	2013 年（万吨）	2014 年（万吨）	2015 年（万吨）	2016 年（万吨）	2017 年（万吨）	2018 年（万吨）	2019 年（万吨）
亚洲	3 130	3 242	3 137	3 408	3 532	3 313	3 476	4 153	4 307	3 902
非洲	1 602	1 519	1 961	2 018	1 742	1 832	1 942	2 065	2 039	2 068
美洲	1 457	1 217	1 419	1 538	1 590	1 564	1 808	1 692	1 638	1 634
欧洲	624	648	581	560	650	773	905	1 175	922	888
大洋洲	168	162	173	159	150	168	368	235	103	143
世界合计	6 980	6 788	7 270	7 682	7 664	7 650	8 499	9 321	9 009	8 635

数据来源：联合国粮农组织

（三）世界食用豆的主产国

目前世界食用豆的主要生产国有印度、加拿大、缅甸、中国、尼日利亚、俄罗斯、埃塞俄比亚、巴西、美国等国，2019 年主产国的食用豆产量占世界总产量的 63.93%（图 10-3）。2010 年，世界食用豆的主要生产国为印度、加拿大、缅甸、中国、尼日利亚、巴西、美国、埃塞俄比亚、尼日尔等，主产国的食用豆产量占世界总产量的 64.02%（图 10-4）。

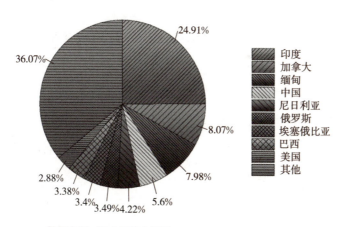

数据来源：联合国粮农组织

图 10-3   2019 年世界食用豆的主产国及其产量占比

其间，变化最为显著的是俄罗斯，其食用豆产量上升了 131.6%，巴西、美国的产量在世界占比分别减少了 1.16% 和 0.83%。

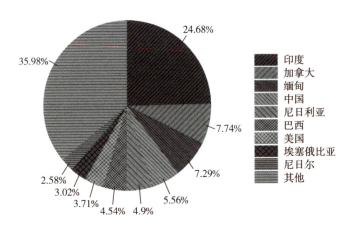

数据来源：联合国粮农组织
图 10-4　2010 年世界食用豆的主产国及其产量占比

（四）世界食用豆贸易发展现状

全球共有 150 多个国家出口食用豆，出口的主要食用豆产品有扁豆、豌豆、普通菜豆、鹰嘴豆等，其中发达国家是主要的食用豆出口国，加拿大、美国和澳大利亚 3 国出口额约占世界出口总额的 44%，中国的占比较少（占 4%），其他主要出口国还有缅甸、土耳其、阿根廷、俄罗斯和印度等（表 10-3）。

表 10-3　2020 年世界食用豆主要品种的出口国及占比

品种	出口金额（千美元）	最大的出口国及占比（%）	其他主要的出口国及占比（%）
食用豆	11 499 687	加拿大（28）	缅甸（10）、美国（8）、澳大利亚（8）、土耳其（5）、中国（4）
扁豆	2 812 381	加拿大（59）	澳大利亚（13）、土耳其（11）、美国（6）
豌豆	2 112 313	加拿大（51）	美国（11）、俄罗斯（8）、乌克兰（4）
绿豆	1 701 470	缅甸（60）	中国（11）、乌兹别克斯坦（5）、澳大利亚（4）
红小豆	185 886	中国（35）	巴西（18）、加拿大（16）、美国（10）
芸豆	1 774 933	阿根廷（19）	美国（12）、中国（10）、美国（8）

数据来源：联合国商品贸易统计数据库

中国出口的食用豆品种主要是绿豆、红小豆、芸豆、菜豆和蚕豆等。中国是全球红小豆的最大出口国和绿豆、芸豆的第二大出口国，如 2020 年，中国红小豆出口额 0.6 亿美元，绿豆出口额 1.8 亿美元，芸豆出口额 1.8 亿美元，三者在世界出口额中分别占 35%、10.64% 和 10.13%。中国食用豆出口额最大的产品是芸豆，但近年，中国的芸豆出口量常掉出世界前列。

世界有 200 个左右的国家和地区进口食用豆，发展中国家是食用豆的主要进口国，印度是最大的食用豆进口国，2020 年印度食用豆进口占世界总进口量的 14%（表 10-4），进口品种除豌豆、芸豆外其他食用豆的第一进口国也是印度。

表 10-4　2020 年世界食用豆主要品种的进口国及占比

品种	进口金额（千美元）	最大的进口国及占比（%）	其他主要进口国及占比（%）
食用豆	11 368 872	印度（14）	中国（9）、巴基斯坦（6）、土耳其（5）、孟加拉国（5）、美国（4）
扁豆	2 798 887	印度（21）	土耳其（11）、孟加拉国（9）、阿联酋（6）
豌豆	2 362 155	中国（35）	巴基斯坦（11）、孟加拉国（7）、比利时（3）
芸豆	2 013 236	意大利（8）	墨西哥（6）、土耳其（5）、印度（5）
绿豆	1 240 050	印度（26）	中国（15）、越南（9）、印度尼西亚（8）
鹰嘴豆	1 204 184	印度（13）	巴基斯坦（8）、孟加拉国（8）、土耳其（8）

数据来源：联合国商品贸易统计数据库

中国的食用豆进口额 2010—2020 年总体呈上升趋势，进口额占世界总额比从 2010 年的 1.83% 上升至 2020 年的 9.42%，仅次于印度；豌豆为最主要的进口豆种，2020 年我国食用豆进口总额为 1 070 461 千美元，其中豌豆进口达 820 488 千美元，占进口总额的 77%。

二、美洲重点食用豆生产国产业发展

（一）美国

1. 生产结构

美国种植的食用豆品种主要为普通菜豆（占总量的 38%）、干豌豆（占总量的 41%）、鹰嘴豆（占总量的 11%）、扁豆（占总量的 10%）和少量干豇豆等，其中普通菜豆中又包含黑绿豆、红小豆、芸豆［海军豆（navy beans）、深红芸豆（dark red kidney）等］和菜豆［斑豆（pinto beans）、黑豆（black beans）、大北豆（great northern beans）和利马豆（lima beans）等］，干豌豆［绿豌豆（green peas）和黄豌豆（yellow peas）］等。2010—2019 年，美国食用豆产量有波动下滑趋势，年均增长率为－1.8%，尤其在 2018—2019 年，产量下滑较为严重，产量减少了 28.3%。其中主要豆种的变化为：斑豆的产量逐年下降，由占总产量的 43% 下降至占 25%，与之相反，鹰嘴豆的产量上升较为显著，由2010 年的 6% 上升至 2020 年的 23%，增长了 17%，极大程度上受到本国需求增长的影响（图 10-5）。

其中海军豆（2019 年占比 11%）、大北豆（2019 年占比 4%）、黑豆（2019 年占比 19%）的产量较为稳定。此外，其他的食用豆品种，例如利马豆、眉豆（black eyed beans）和粉红芸豆（pink kidney beans）等，在美国国内皆有少量种植。

2. 种植情况

根据美国食用豆的生产结构，普通菜豆和豌豆占总产量的 79%，因此美国主要食用豆种植的基本情况可通过分析普通菜豆和干豌豆的情况得知。美国普通菜豆的播种面积 2012—2016 年有所上升，2010—2019 年整体播种面积呈下降趋势，年均增长率为－4.98%，总产量年均增长率为－4.73%；豌豆的产量上升趋势较

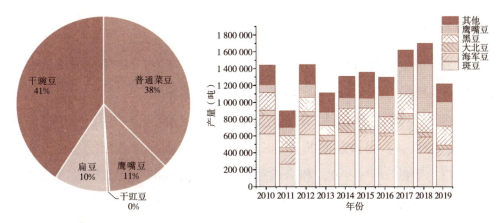

数据来源：左图来自 FAO 数据库，右图来自美国农业部（USDA，数据使用的是 Dry Edible Beans，该类中不包括豌豆和扁豆）

图 10-5　2010—2019 年美国食用豆的生产结构

为显著，从 2010 年的 6.4 万吨，上升至 2019 年的 101 万吨，年均增长 4.44%，产量的年均增长为 5.12%，增幅显著。另外主要豆种的单产水平体现了美国高度机械化下的高效率种植，单产平均都在 2 吨/公顷，年均增长分别为 0.26% 和 0.68%，反映产能较为稳定（表 10-5）。

表 10-5　2010—2019 年美国主要食用豆的种植面积、单产和总产量

年份	普通菜豆			豌豆		
	播种面积（公顷）	单产（吨/公顷）	总产量（吨）	播种面积（公顷）	单产（吨/公顷）	总产量（吨）
2010	745 720	1.93	1 442 470	287 900	2.24	645 050
2011	472 633	1.91	902 196	138 726	1.84	255 146
2012	684 090	2.12	1 448 090	251 510	1.98	499 042
2013	532 690	2.09	1 114 750	322 540	2.20	708 510
2014	667 170	1.97	1 311 340	364 020	2.14	778 140
2015	692 530	1.97	1 366 270	438 430	1.89	829 303
2016	630 550	2.06	1 301 950	538 560	2.34	1 259 260
2017	559 650	2.31	1 291 240	425 530	1.51	643 880
2018	466 110	2.38	1 108 120	326 950	2.21	722 530
2019	470 890	1.98	932 220	425 730	2.38	1 013 600

数据来源：联合国粮农组织

3. 贸易情况

美国是世界主要食用豆生产国和出口国之一，2020年，美国出口额约占全球食用豆出口总额的8%，在世界食用豆出口国中排名第三。

2020年，美国主要的食用豆出口品种为豌豆（占食用豆出口总额的24.26%）、芸豆（占出口总额的22.62%）、扁豆（占出口总额的19.26%）、菜豆（占出口总额的18.81%）、和鹰嘴豆（占出口总额的11.33%），和少量的红小豆、绿豆和其他干豆等，同时出口量前五名的豆种常年是美国的主要出口豆种（图10-6）。

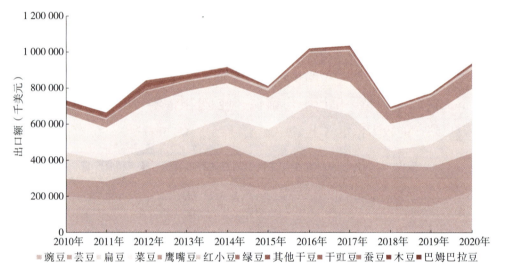

数据来源：联合国商品贸易统计数据库

图10-6 2010—2020年美国食用豆出口结构（千美元）

近十年，随着美国大部分食用豆出口价格提高、种植面积和产量的增大，美国食用豆出口呈稳步增长，表现为出口额从2010年的729 434千美元上升至2019年的934 675千美元，年均增长2.51%。在出口份额中，可见其五大主要出口目的地国家是加拿大、墨西哥、多米尼克、中国和意大利。然而，从图10-7可见，在2017年前，主要出口国家中前三位的国家（加拿大、美国、印度）的出口额波动幅度较大，尤其在2016—2017年度对印度市场的出口额大幅下降，而在2016—2017年度的第一季度，美国鹰嘴豆、扁豆和干豌豆对印度的出口额就占了美国食用豆总出口额的近50%。在2018—2019年度的第一季度，这一份额已降至同一作物出口销售总额的 5% 左右，导致美国鹰嘴豆、扁豆和干豌豆的出口量大幅下降。另外，豌豆出口在 2019—2020 年度显示强劲的增长趋势，其主要的出口目的国是加拿大、中国和西班牙，三国中主要是受来自中国的需求影响（对中国出口额占美国黄豌豆出口总额的 50%），在中国，黄豌豆主要被用作动物饲料（尤其在大豆价格上涨时）、休闲食品和制造面条所用的淀粉。

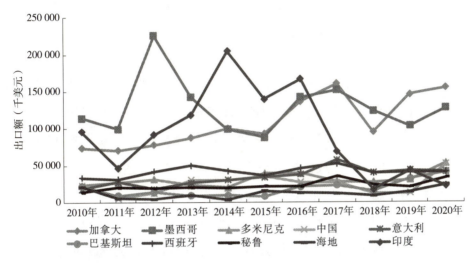

数据来源：联合国商品贸易统计数据库

图 10-7　2010—2020 年美国食用豆主要出口国以及出口额（千美元）

4. 产业经验

美国食用豆的生产过程实现了科学生产。以种子筛选和收获两个过程为例，质量控制要从种子来源开始，食用豆生产者通常与加工商合作，从可靠的种子生产商处选择最好的品种，以确保收获最优质的产品。豆类质量的分级标准则是基于 1946 年的《农业销售法》（Agricultural Marketing Act），该法由联邦谷物检验局（简称 FGIS）指定的合作者（如华盛顿州）或 FGIS 外地办事处的要求，是在实践中灵活根据不同产品批次的产地和要求进行改变的检验类型。检验将通过 FGIS 或合作者雇用的经过培训和许可（或授权）的官方人员进行，美国等级标准为农产品行业提供了统一的在市场上评价商品质量和状况的标准。美国农业部（简称 USDA）农业营销服务局（AMS）会与行业从业成员合作，共同制定和修订标准，使其能够反映现代产业发展趋势。检验标准包括评估虫害、颜色、气味、水分含量、尺寸和颜色的标准化等许多其他因素，其通用性能够在美国任何地方按照一致和统一的程序对谷物进行测试和分级，包括从每批谷物中获取有代表性的样本，并按照既定的等级对每个单独的豆子进行分类，检查员报告将列出每一种不同等级的豆子的百分比。

为了更好地储存，收获者会注意等待豆子的含水量达到适宜程度再收割，因为过早收割会导致产品的水分含量过高，容易变质而无法储存。虽然干豌豆、扁豆和鹰嘴豆等作物相对耐旱，但降水的时间和数量都会影响其生长时间和收获时间。例如，在帕卢斯，如果遇上 7 月中旬后的晚季降水将推迟收获，而 7 月之前的旱季则会将收获日期大大提前。在爱达荷州和华盛顿州，豌豆在出苗后约 100 天达到成熟，待到 7 月下旬，豆荚干燥、种子水分低于 13％时开始收获。在美国北部平原，由于冬季土壤温度较低，播种日期和收获日期通常要晚两到三周。收获通常 8 月开始，9 月初完成。扁豆也在出苗后约 100 天达到成熟，在 8 月中旬收获。在华盛顿州，扁豆在出苗后约 60 天开花，所有品种估计都在 8 月收割。在蒙大拿州和北达科他州的北部平原，由于经常发生暴风，对扁豆的收割造成了影响，在该地区，扁豆直接由收割机进行切割，因此及时收割成为避免种子发白、种子破碎和发生各类成熟疾病的重要措施。

在政府科技支持方面，美国最新的计划是豆类作物健康计划（Pulse Crop Health Initiative），计划目标是通过对豆类作物（干豌豆、扁豆、鹰嘴豆和干豆）的合作研究，为美国和全球社会所面临的健康问题和可持续性发展挑战提供解决方案。该计划的预期成果是发现和推广经常食用豆类的健康和营养知识，通过优化豆类生产提高全球粮食供应的可持续性，并通过提高豆类本身和挖掘食品中豆类成分的保健性功能来推动豆类消费的增加。该倡议将由一个联合指导委员会指导，委员会由食品集团、食品加工企业、卫生界和美国农业部农业研究局（USDA-ARS）代表组成。该研究计划以先前制定的《豆类健康倡议战略计划》（Pulse Health Initiative Strategic Plan）为基础，该计划产生于工业界、学术界和政府代表在内的战略规划会议，并提出如何最有效地使用美国国会拨款资金的建议。

（二）加拿大

1. 生产结构

加拿大种植的豆类作物主要有干豌豆、扁豆、普通菜豆和鹰嘴豆。其中豌豆是加拿大种植面积最广、产量最大的食用豆产品。加拿大主要种植的豌豆种类有黄豌豆和绿豌豆等，主要是以黄豌豆为主，另外根据使用需求，会有种用和饲用等细分。

2019年，加拿大食用豆的总产量为697万吨，其中干豌豆的产量为424万吨，占加拿大食用豆总产量的61%，是加拿大最主要的食用豆种植品种；扁豆的产量为217万吨，占总产量的31%，产量约为干豌豆的一半，普通菜豆和鹰嘴豆的产量则相对较少，产量分别为3.2万吨和2.5万吨（各约占4%）（图10-8）。

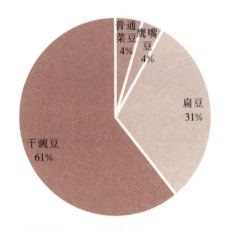

数据来源：联合国粮农组织

图10-8　2019年加拿大食用豆的生产结构

2. 种植情况

加拿大作为世界最大的豌豆和扁豆生产国和出口国，其豌豆和扁豆的生产价格情况对世界豌豆、扁豆市场有着显著影响，以下介绍加拿大豌豆、扁豆的种植情况：2010—2019年，加拿大的豌豆生产呈稳定上升趋势，产量由2010年的138万吨上升至2019年的171万吨，年均增长率为2.43%，总产量和单产均同步增加，年均增长率分别为3.84%和1.46%；扁豆的生产增速则较为缓慢，播种面积由 2010 年的 134 万公顷上升至 2019 年的 149 万公顷，年均增长率为 1.17%，总产量从 2010 年的 200 万吨上升至 2019 年的 217 万吨，年均增长率为 0.87%，但出现单产负增长的情况，年均增长率为 −0.3%，主要由于产量较面积增长较慢。

表 10-6 　2010—2019 年加拿大主要食用豆的种植面积、产量和总产量

年份	豌豆			扁豆		
	播种面积（公顷）	单产（吨/公顷）	总产量（吨）	播种面积（公顷）	单产（吨/公顷）	总产量（吨）
2010	1 388 900	2.17	3 018 200	1 340 300	1.50	2 004 800
2011	974 000	2.57	2 502 000	1 004 700	1.57	1 573 500
2012	1 475 000	2.26	3 340 800	1 001 900	1.53	1 537 900
2013	1 341 300	2.95	3 960 800	1 090 700	2.07	2 261 700
2014	1 605 900	2.37	3 810 100	1 217 300	1.63	1 987 000
2015	1 494 100	2.14	3 200 700	1 630 000	1.56	2 540 500
2016	1 676 900	2.88	4 835 900	2 221 000	1.44	3 193 800
2017	1 642 100	2.50	4 112 200	1 773 800	1.44	2 558 500
2018	1 431 200	2.50	3 580 700	1 499 400	1.40	2 092 136
2019	1 711 000	2.48	4 236 500	1 488 600	1.46	2 166 900

数据来源：联合国粮农组织

3. 贸易情况

加拿大是全球最大的食用豆出口国和第二大生产国。2010—2020 年，加拿大食用豆的年均出口额为 2 589 598.36 千美元，其主要的出口豆类为扁豆（2020 年占加拿大食用豆总出口额的 51.81%）和豌豆（占总出口额的 33.99%）和少量的菜豆（主要是斑豆和干菜豆，占总出口额的 6.02%）、芸豆（占总出口额的 4.39%）和鹰嘴豆（占出口额的 2.02%）等，可见加拿大食用豆的出口结构与生产结构高度相似。

近十年，加拿大的前五大食用豆出口主要目的地国家是：中国、印度、土耳其、孟加拉和美国。从图 10-9、图 10-10 中能够直接观察到的是加拿大的出口额波动主要与其对印度的出口额变化相关。其中最明显的变化是 2017—2018 年度，

对印度的出口额从 716 982 千美元下降到 122 276 千美元，降幅达到 82%，其主要原因是在 2017 年底，印度通过数量限制和提高豌豆进口关税来限制豆类进口，以支持保护国内食用豆产业，对豌豆的出口大国，如加拿大、美国等国的出口额有显著影响。而加拿大对中国的食用豆出口则保持相对稳定的上升，从 2010 年的 167 114 千美元上升到 2020 年的 714 601 千美元，年均增长 15.6%，贸易的主要的出口产品为豌豆。

数据来源：联合国商品贸易统计数据库

图 10-9　2010—2020 年加拿大食用豆出口结构（千美元）

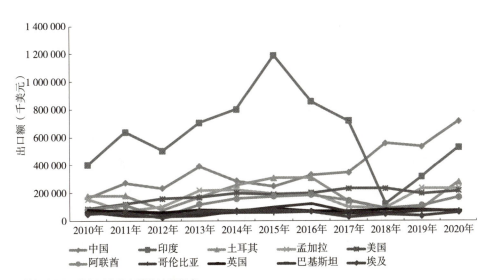

数据来源：联合国商品贸易统计数据库

图 10-10　2010—2020 年加拿大食用豆主要出口国以及出口额（千美元）

4. 产业经验

食用豆产业受到加拿大政府的大力支持。"成长前瞻计划 2"（Growing Froward 2，以下简称 GF2）是一项加拿大联邦—省—地区共同的倡议，其目的是鼓励加拿大农业食品和农产品部门的创新、竞争力成长和市场开发、市场适应性和行业可持续性发展。在安大略省，GF2 为生产商、加工商、组织和协会提供资源、工具和资金，以增加产品利润、拓展市场和控制管理风险。2017 年，通过该项目，加拿大豆（简称 Pulse Canada）获得 179 千美元的资金，用于探索中国、东亚、美国和加拿大的食用豆市场和未来的食用豆新市场，另外投资 222 千美元，用于向加拿大餐饮业推广豆类食品。此外，还通过 GF2 农业创新计划，向中国市场的食用豆创新项目提供了 176 千美元的投资，该项目研究了如何扩大豆类在各种中国食品中的应用，并调查了豆类零食对健康的好处。

2017 年，Pulse Canada 董事会设定了"25 by 2025"计划，该计划旨在将大量的加拿大食用豆生产转移到新的加工和增值工业中，目标是到 2025 年将加拿大豆类产量的 25% 用于新的市场和利用中。这意味着加拿大到 2025 年需要挖掘出110 万吨豌豆、62.5 万吨扁豆、10 万吨蚕豆、10 万吨鹰嘴豆和 7.5 万吨其他豆类的"蓝海"。具体目标还要根据预期的豆类生产水平和供应进行调整，对可行的市场机会和进入潜力进行深入评估。要实现 2025 年的产业目标，需要挖掘加拿大豌豆在植物蛋白加工、植物肉、乳制品/乳制品替代品以及烘焙产品等场景中使用的可能性和市场动态，关键是扩大豌豆淀粉和纤维的使用。另外对扁豆粉的加工增长和扁豆粉在零食、烘焙、面食和混合肉制品等场景中的使用，也将增加对加拿大扁豆的需求。对于加拿大豆类产业而言，关注加拿大国内食用豆的消费和利用将促进豆类市场多样化，并有可能对加拿大食用豆产业产生深远影响。

2021 年 6 月，加拿大农业和农业食品部长和萨斯喀彻温省农业部长宣布将拨款 2 500 千美元用于萨斯喀彻温大学研究豆类作物淀粉。研究小组旨在提高淀粉与种子分离的能力，并进一步研究如何通过豆类淀粉的转化提高其附加值。该项目引起了食用豆行业的浓厚兴趣，Infra Ready 产品公司、C-Merak 食品公司、P&H 磨坊集团和萨斯喀彻温省食用豆种植者们都在该项目中建立了伙伴关系。

三、欧洲重点食用豆生产国产业发展

（一）法国

1. 生产结构

法国种植的主要豆类品种为豌豆和蚕豆，2019 年食用豆的总产量为 99 万吨，生产规模较小且品种较为集中。其中，干豌豆的产量为 71 万吨，占总产量的 72%，干蚕豆的产量为 18 万吨，占总产量的 18%，其他干豆的产量较少，为 10 万吨，占总产量的 10%。

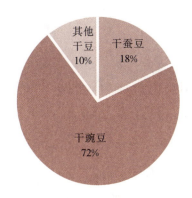

数据来源：联合国粮农组织

图 10-11　2019 年法国食用豆的生产结构

2. 种植情况

法国近十年豌豆与蚕豆的种植面积皆表现出明显的下滑趋势，其中豌豆的播种面积从 2010 年的 25 万公顷，至 2019 年降 18 万公顷，年均增长率为 −3.82%，总产量从 2010 年的 107 万吨下降至 2019 年的 71 万吨，年均增长率为 −4.50%，单产的年均增长率为 −0.71%。蚕豆的生产下滑则更为明显，其播种面积自 2010 年的 15 万公顷下降至 2019 年的 6.3 万公顷，年均增长率为 −9.25%。总产量从 2010 年的 48 万吨下降至 2019 年的 18 万吨，年均增长率为 −10.56%，单产的年均增长率为－1.45%。

表 10-7　2010—2019 年法国主要食用豆的种植面积、产量和总产量

年份	豌豆			蚕豆		
	播种面积 （公顷）	单产 （吨/公顷）	总产量 （吨）	播种面积 （公顷）	单产 （吨/公顷）	总产量 （吨）
2010	249 214	4.31	1 073 331	151 112	3.20	484 248
2011	187 111	3.58	670 079	91 429	3.77	344 840
2012	139 377	4.03	561 522	60 340	4.53	273 539
2013	125 506	3.97	498 723	67 946	3.61	245 001
2014	145 167	3.71	538 587	74 884	3.72	278 545
2015	181 719	3.70	672 909	86 805	2.91	253 017
2016	222 033	2.53	561 618	77 788	2.54	197 820
2017	229 416	3.45	791 664	77 429	2.57	199 045
2018	167 130	3.53	590 220	57 220	2.49	142 530
2019	175 570	4.04	709 380	63 110	2.81	177 380

数据来源：联合国粮农组织

3. 贸易情况

法国是欧盟第一大食用豆出口国和欧洲第二大食用豆出口国。2010—2020年，法国食用豆的年均出口额为 180 931 千美元，其主要的出口豆类为豌豆（2020 年占法国食用豆总出口额的 57.05%）和芸豆（占总出口额的 15.05%）、蚕豆（占总出口额的 8.12%）、鹰嘴豆（占总出口额的 8.12%）、扁豆（占总出口额的 6.35%）和其他干豆等。其中蚕豆的出口额在十年内波动较大，2012—2016 年蚕豆出口额显著减少，年均减少了 15.7%，主要原因是自 2012 年法国对埃及的蚕豆出口量发生断崖式下滑，2014 年后，埃及就不再是法国首要的食用豆出口国了。

法国的前五大食用豆出口国为比利时、荷兰、中国、英国和意大利，前十国位的家中大多数国家都是欧盟成员国，因此法国的食用豆出口地以欧洲为主，向各国出口的产品以豌豆为主（图 10-12、图 10-13）。

4. 产业经验

自美国 1973 年的大豆禁运暴露了欧洲养殖场对豆粕进口的依赖以来，欧洲经

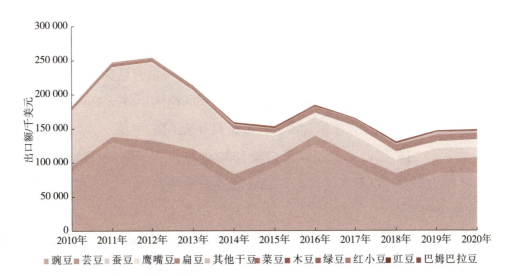

数据来源：联合国商品贸易统计数据库（UNComtrade）

图 10-12　2010—2020 年法国食用豆出口结构（千美元）

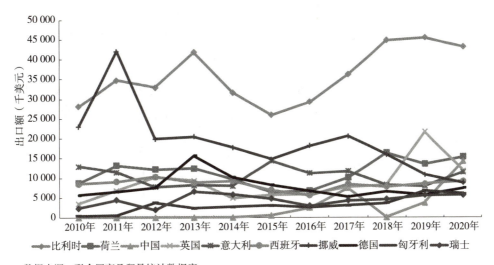

数据来源：联合国商品贸易统计数据库

图 10-13　2010—2020 年法国食用豆主要出口国以及出口额（千美元）

济共同体（EEC）就积极地支持欧洲种植如豌豆等富含蛋白质的植物，并实施了保证农民的收益等手段以促进生产，在 1978 年还曾为饲料生产商补偿收购最低价格和市场价格之间的差价。

法国豌豆的种植面积也有了显著的上升，从 1982 年的 10 万公顷增加到 1993 年的 75 万公顷，但由于天气条件变化（例如春季干燥和高温）、豌豆主产区豌豆丝囊根腐霉的蔓延以及共同农业政策（Common Agricultural Policy，简称 CAP）措施的实施，如 1988 年的最大保证数量〔（Maximal Guaranteed Quantities，简称

MGQ）：当产量超过欧洲设定的 350 万吨 MGQ 时，补贴金额根据过剩产量的水平减少，以降低欧洲农业指导和保障基金（EAGGF）的成本]、1993 年的最大保证面积（Maximal Guaranteed Surface）、2000 年灌溉作物补贴的丧失（从前对灌溉作物的补贴鼓励了豌豆等可灌溉作物的种植面积的增加）以及 1992 年开始对生物燃料生产的支持，都导致法国食用豆种植面积有所下降。

2014 年，法国启动了"法国蛋白质作物计划"（French Plan for Protein Crops 2014—2020），以提高法国育种农场的蛋白质独立性，促进富含蛋白质的植物的农业和环境效益。通过实施 CAP 措施——①2014—2020 年，农民每年每公顷的蛋白质作物将获得 100 至 200 欧元的补助。这项措施的资金来自 CAP 的 4 900 万欧元年度预算，其中 71％将用于豆类作物（大田豌豆、羽扇豆、蚕豆），16％用于豆类作物制成的脱水饲料（如紫花苜蓿、薇菜和甜苜蓿等），13％用于大豆；②为了增加作为饲料的豆类植物的产量，并减少农民购买精饲料和减少饲料玉米的面积，畜牧业生产者将获得每年每公顷 100 至 150 欧元的豆类植物种植费，这项措施也由 CAP 资助（每年 9 800 万欧元）；③豆类植物种子的生产也将得到补贴，补贴额度为每年 400 万欧元。但农民必须遵守特定条件才能获得补贴，这些条件的目的之一是为了避免玉米等饲料作物的大规模单一种植；④制定蛋白质作物领域的研究战略，该计划要求制定一项为期十年的植物育种研究战略，但没有为这项措施分配具体的预算；⑤成立由农民和动物饲料商组成的工作组，以讨论法国蛋白质作物短缺的可能性及应对措施。

（二）俄罗斯

1. 生产结构

近几年，俄罗斯成为欧洲的第一大食用豆生产国，主要的食用豆种植品种为干豌豆、鹰嘴豆和扁豆。2019 年俄罗斯食用豆的总产量为 301 万吨，其中干豌豆的产量为 237 万吨，占总产量的 79％，鹰嘴豆的产量为 51 万吨，占总产量的 17％，扁豆的产量为 12 万吨，约占总产量的 4％，其他干豆、普通菜豆和干蚕豆的生产相对较少，产量分别为 0.9 万吨、0.6 万吨和 0.8 万吨（图 10-14）。

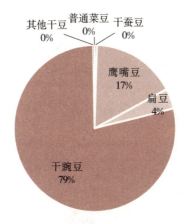

数据来源：联合国粮农组织

图 10-14　2019 年俄罗斯食用豆的生产结构

2. 种植情况

俄罗斯是欧洲最大的豌豆生产国，也是世界第三大豌豆出口国。2010—2019 年，俄罗斯的豌豆种植面积由 82 万公顷上升至 2019 年的 121 万公顷，年均增长 4.38％，但 2013—2015 年种植面积有明显的下滑。豌豆的总产量由 122 万吨上升至 2019 年的 237 万吨，年均增长 7.68％，单产年均增长速度也较为显著，为 3.15％。而由于 FAO 数据库缺少 2010—2015 年俄罗斯的鹰嘴豆数据，下文只分析 2016—2019 年俄罗斯鹰嘴豆的生产数据。2016—2019 年是俄罗斯鹰嘴豆产生快速增长的时期，其播种面积从 2016 年的 36 万公顷上升至 2019 年的 55 万公顷，年均增长 15.51％，总产量年均增长 16.52％，数据显示产量提高速度高于种植面积增长速度（表 10-8）。

表 10-8　2010—2019 年俄罗斯主要食用豆的种植面积、产量和总产量

年份	豌豆			鹰嘴豆		
	播种面积（公顷）	单产（吨/公顷）	总产量（吨）	播种面积（公顷）	单产（吨/公顷）	总产量（吨）
2010	822 309	1.48	1 217 839	—	—	—
2011	1 110 792	1.82	2 021 004	—	—	—
2012	1 160 161	1.43	1 660 016	—	—	—
2013	965 952	1.40	1 350 167	—	—	—

（续）

年份	豌豆			鹰嘴豆		
	播种面积 （公顷）	单产 （吨/公顷）	总产量 （吨）	播种面积 （公顷）	单产 （吨/公顷）	总产量 （吨）
2014	896 923	1.68	1 502 845	—	—	—
2015	921 093	1.86	1 715 743	—	—	—
2016	1 039 938	2.11	2 198 241	357 945	1.12	319 969
2017	1 296 703	2.53	3 285 500	457 051	1.09	418 646
2018	1 385 555	1.66	2 304 432	819 330	1.32	620 400
2019	1 209 971	1.96	2 369 479	551 663	1.09	506 166

数据来源：联合国粮农组织

3. 贸易情况

俄罗斯是欧洲的第一大食用豆出口国和世界第六大食用豆生产国。其食用豆的年均出口额为 276 971 千美元，主要的出口产品为豌豆（2020 年占俄罗斯总出口额的 53.42%）、鹰嘴豆（占总出口额的 36.50%）和扁豆（占总出口额的 8.97%），其中鹰嘴豆的出口主要面向中东国家，因为豌豆、扁豆、鹰嘴豆等都是中东菜系的重要品种（图 10-15）。

俄罗斯的食用豆前五大出口国分别是巴基斯坦、土耳其、印度、意大利和西

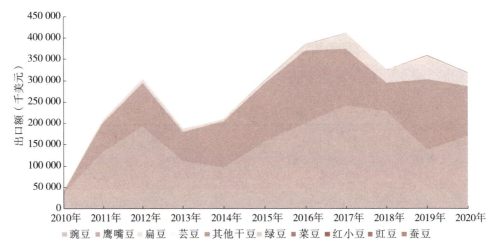

数据来源：联合国商品贸易统计数据库

图 10-15 2010—2020 年俄罗斯食用豆出口结构（千美元）

班牙，从折线的波动趋势上看（图 10-16），土耳其的曲线在 2012—2016 年间有了明显的上升，进口额从 2012 年的 70 380 千美元上升到 2016 年的 200 338 千美元，主要的出口种类为豌豆和鹰嘴豆，且从俄罗斯的黑海港口到土耳其只需要几天的运输时间，贸易条件十分便利。

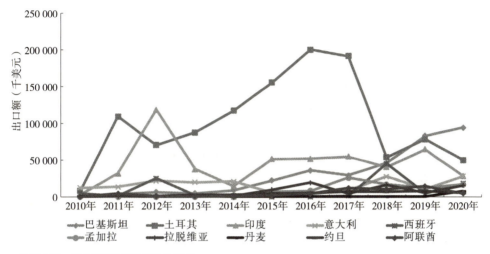

数据来源：联合国商品贸易统计数据库

图 10-16　2010—2020 年俄罗斯食用豆主要出口国以及出口额（千美元）

四、非洲重点食用豆生产国产业发展

坦桑尼亚

1. 生产结构

2020 年，坦桑尼亚在世界食用豆生产量排行中列第十一，同时是非洲第一大食用豆出口国。其生产的主要食用豆品种为普通菜豆。2019 年，坦桑尼亚食用豆的总产量为 163 万吨，其中普通菜豆的产量为 119 万吨，占总产量的 73％，其他干豆的产量为 14 万吨，占总产量的 9％，干豇豆的产量为 13 万吨，占总产量的 8％，木豆、鹰嘴豆和干豌豆的生产相对较少，产量分别为 9 万吨、4 万吨和 3 万吨（图 10-17）。

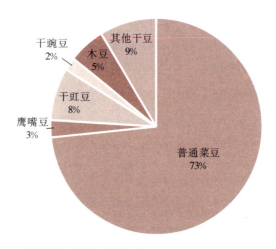

数据来源：联合国粮农组织
图 10-17　2019 年坦桑尼亚食用豆的生产结构

2. 种植情况

坦桑尼亚普通菜豆的种植面积 2010—2017 年主要呈上升趋势，但是在 2018—2019 年种植面积有了明显的下滑，表现为种植面积由 2010 年的 121 万公顷减少至 2019 年的 89 万公顷，年均减少 3.3％。另一方面，总产量表现较好，由 2010 年的 87 万吨上升至 2019 年的 120 万吨，年均增长率为 3.65％。单产水平有了显著的提升，单产的年均增长率为 7.18％（表 10-9）。

表 10-9　2010—2019 年坦桑尼亚普通菜豆的种植面积、产量和总产量

年份	普通菜豆		
	播种面积（公顷）	单产（吨/公顷）	总产量（吨）
2010	1 208 690	0.72	867 530
2011	737 661	0.92	675 948
2012	1 265 404	0.95	1 199 267
2013	1 151 376	0.97	1 113 541
2014	1 114 393	1.00	1 114 500
2015	1 124 710	1.07	1 201 922
2016	1 041 127	1.14	1 191 766
2017	1 119 826	1.28	1 428 434
2018	896 646	1.22	1 096 930
2019	893 570	1.34	1 197 489

数据来源：联合国粮农组织

3. 贸易情况

坦桑尼亚的食用豆出口种类十分丰富，主要以木豆、鹰嘴豆、芸豆、菜豆、豌豆、绿豆和扁豆为主，分别占 2020 年坦桑尼亚食用豆总出口额的 40.59%、36.62%、6.36%、5.03%、4.92%、4.52% 和 1.79%。2016 年前，豌豆的出口在其出口结构中排在首位，但面临了与前述豌豆出口国同样的问题，印度限制了其豌豆进口数量。同样地，木豆、鹰嘴豆和绿豆等都受到一定程度的影响，但都没有豌豆的影响深远。

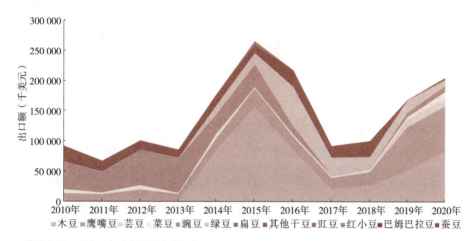

数据来源：联合国商品贸易统计数据库

图 10-18　2010—2020 年坦桑尼亚食用豆出口结构（千美元）

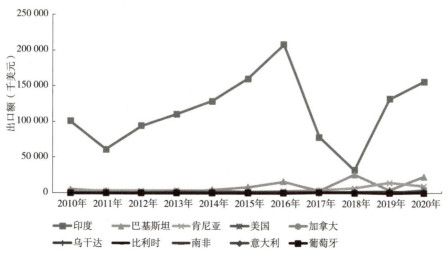

数据来源：联合国商品贸易统计数据库

图 10-19　2010—2020 年坦桑尼亚食用豆主要出口国以及出口额（千美元）

坦桑尼亚食用豆的前五大出口国为印度、巴基斯坦、肯尼亚、美国和加拿大，出口量中绝大部分为对印度的出口，2010 年对印度出口占坦桑尼亚食用豆出口额比高达 87.58%，占比最低出现在 2017 年，为 35.95%，与向巴基斯坦的出口量占比不相上下。因此在很大程度上，坦桑尼亚对印度的出口情况决定了其当年的食用豆贸易情况（图 10-18、图 10-19）。

4. 产业经验

坦桑尼亚作为发展中国家与美国、加拿大、法国等发达国家无论在国家实力，还是食用豆的产业支持上，都存在较大差距。从政府对食用豆产业的监管上看，食用豆产业的监管权分散在坦桑尼亚的不同部门：农业、粮食安全与合作部（MAFSC，即 Ministry of Agriculture，Food Security and Cooperatives）实权最大，负责制定、协调和执行农业部门的政策，包括研究、推广、作物保护、农业投入、机械化、灌溉和合作发展；另一个重要的部门是投资贸易部（MIT，即 Ministry of Investment and Trade），负责指导工业发展和促进区域和国际贸易，以及收集市场信息和拓展出口市场。这使得协调各个部门之间的沟通成为一项挑战，且缺乏明确的协调中心来处理食用豆产业可能遇到的战略问题和紧急情况。

为促进坦桑尼亚的食用豆生产，2016 年，坦桑尼亚豆类网络（即 The Tanzania Pulses Network，简称 TPN）成立，该组织受到 SITA 项目的支持，由东非粮食理事会（EAGC）主办。组织由生产者和供应链各环节上的公司、政府部门、研究机构、第三方服务提供者以及投资者组成，它的作用是促进豆类生产从业者之间的协调，吸引和调整对豆类部门投资，改善豆类生产销售绩效，并收集和传播相关数据。虽然 TPN 没有得到政府部门平台的正式授权证明，但各政府部门已经开始在现实中利用 TPN 来通报和咨询食用豆的政策问题。目前 TPN 距离成熟运转还有相当一段距离，主要是缺乏问责制，且 TPN 及各公共部门也没有建立起系统的农场和政府部门级的监测、交流和学习系统。

五、大洋洲重点食用豆生产国产业发展

澳大利亚

1. 生产结构

澳大利亚是世界食用豆第四大出口国和第二大扁豆出口国，其各类食用豆产量较为均衡。2019 年，澳大利亚食用豆的总产量为 143 万吨，其中干扁豆的产量为 53 万吨，占总产量的 37%；干蚕豆的产量为 33 万吨，占 23%；鹰嘴豆的产量为 28 万吨，占 20%；干豌豆的产量为 21 万吨，占 15%，普通菜豆的产量较少，为 7 万吨，占 5%（图 10-20）。

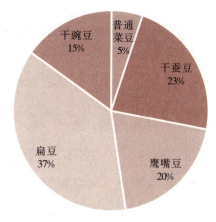

数据来源：联合国粮农组织

图 10-20　2019 年澳大利亚食用豆的生产结构

2. 种植情况

澳大利亚种植的扁豆和蚕豆的播种面积和总产量都呈稳定上升的趋势。扁豆的种植面积自 2010 年的 22 万公顷上升至 2019 年的 36 万公顷，年均增长 5.69%；总产量自 2010 年的 38 万吨上升至 2019 年的 53 万吨，年均增长 3.86%；但单产水平下降，年均减少 1.74%。蚕豆的种植面积自 2010 年的 16 万公顷上升至 2019

年的 19 万公顷，年均增长 2.1％，总产量变化幅度较小，年均增长为 0.09％，单产有较为稳定增长，年均增长 2.1％。同时，2017 年前后是澳大利亚食用豆生产波动幅度较大的时间段（表 10-10）。

表 10-10　2010—2019 年澳大利亚主要食用豆的种植面积、产量和总产量

年份	扁豆			蚕豆		
	播种面积（公顷）	单产（吨/公顷）	总产量（吨）	播种面积（公顷）	单产（吨/公顷）	总产量（吨）
2010	218 763	1.74	379 659	162 628	1.99	324 365
2011	172 840	1.67	288 000	151 437	1.77	268 100
2012	165 400	1.12	184 700	202 900	1.86	377 200
2013	169 700	1.50	254 450	152 100	2.15	327 700
2014	189 000	1.28	242 100	163 900	2.00	327 700
2015	224 944	0.81	181 638	220 267	1.36	300 574
2016	275 648	2.47	680 482	232 732	2.08	483 578
2017	418 495	1.30	542 784	313 051	1.33	415 591
2018	400 149	0.90	359 315	233 967	1.00	233 417
2019	360 120	1.48	533 755	196 000	1.67	327 000

数据来源：联合国粮农组织

3. 贸易情况

澳大利亚是典型的食用豆出口导向国，2019 年，其食用豆生产量为 143 万吨，出口量为 131 万吨，即生产的约 92％食用豆都用于出口。主要的食用豆出口种类有扁豆（占澳大利亚 2020 年食用豆总出口额的 40.81％）、鹰嘴豆（占总出口额的 25.89％）、蚕豆（占总出口额的 23.32％）、绿豆（占总出口额的 7.17％）和豌豆（占总出口额的 2.68％）和少量的菜豆和其他干豆等。鹰嘴豆 2017—2018 年度的出口额锐减，也是和印度的豆类限额进口有关，从 2017 年的 1 386 581 千美元下降至 2018 年的 303 164 千美元（图 10-21、图 10-22）。

澳大利亚的前五大出口目的国为孟加拉国、埃及、巴基斯坦、印度和斯里兰卡。由于印度进口限令的影响，澳大利亚的出口结构在 2017 年后有了较大变化，以向孟加拉国和埃及出口为主，但随着印度食用豆进口限额的解除，预期未来澳大利亚对印度的出口应该保持上升。

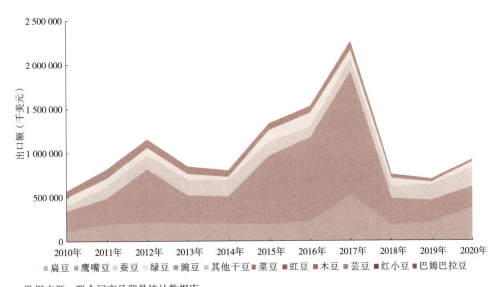

数据来源：联合国商品贸易统计数据库

图 10-21　2010—2020 年澳大利亚食用豆出口结构（千美元）

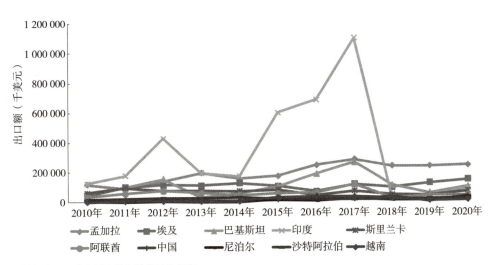

数据来源：联合国商品贸易统计数据库

图 10-22　2010—2020 年澳大利亚食用豆主要出口国以及出口额（千美元）

4. 产业经验

1980 年前，澳大利亚的豆类生产还处于较低水平，主要种植的食用豆品种是豌豆和羽扇豆（lupins）。在 20 世纪 80 年代后，鹰嘴豆、蚕豆和扁豆等豆类被引进，由此食用豆的播种面积有了显著提升，之后澳大利亚政府提高了对豆类育种的投资，重视开发改良的豆种。

20 世纪 90 年代中后期，澳大利亚实现了国家育种计划，并在 2006 年成立了澳大利亚豆类育种公司（Pulse Breeding Australia，简称 PBA），是以澳大利亚政府谷物研究与发展部门（Grains Research and Development Corporation，简称 GRDC）、澳大利亚豆类公司、各州政府机构和阿德莱德大学各主体，为提高豆类育种的效率和消除合作伙伴之间种质资源和知识产权的交流障碍所建立的非法人企业。

PBA 囊括了一个由育种机构和科研人员组成的协调小组、一个由每个投资者的高级管理层代表组成的咨询委员会、一个由协调员和个人育种者组成的小组，在一定程度上促进了豆类育种链各个环节之间的沟通。组织内部交流包括年度会议、PBA 时事通信推送、国际市场/质量实况调查团、2013 年首届 PBA 大会和技术员研讨会等。

PBA 的育种计划在初期只包含了蚕豆、豌豆、鹰嘴豆和扁豆，2011 年加入了羽扇豆育种。育种项目的实行包括成员交流想法、在适当的时候共同进行试验、共享设备，以提高整体的项目效率。种质改良（Germplasm Enhancement，简称 GE）计划也包括在 PBA 中，因此育种计划能够优先参考 GE 计划所涉及的生物、非生物以及和质量特性等相关的技术，且有权直接采用 GE 计划的产出。

每个作物育种计划都会通过竞标选择一个商业上的伙伴，以便打开市场上的各个渠道，商业伙伴也能够更早地对品种的培育和量产作出计划和投入，从而缩短豆种发布的时间。发布咨询小组管理着豆种发布进度，并通过"最大采用计划"管理发布过程。迄今为止，已经有 30 多个 PBA 新豆种发布，同时还有许多品种还在筹备发布中。这些品种多在产量、抗病性和种子质量上进行了重大改进，目前在耐除草剂性上也有一定进展，PBA 豆种已经成为澳大利亚主要的豆类品种。

近年来，植物蛋白被广泛应用在汉堡肉、豆奶以及一系列富含蛋白质的花生酱、运动饮料和豆类谷物零食等产品上，为此，澳大利亚准备建立一个新的豆类蛋白合作研究中心（Pulse Protein Co-operative Research Centre，简称 CRC），该中心将集合大学、制造商、农民和政府等主体，推动对植物蛋白的研究和加工创新工作。计划从 2021 年正式投入运行，该项目每年将从研究机构获得约 3 000 千美元的投资和帮助，以及从加工业和其他企业投资者处获得约 5 000 千美元的投资、从联邦政府的 CRC 支持金库中获得 5 000 千美元至7 000千美元。

六、亚洲重点食用豆生产国产业发展

（一）缅甸

1. 生产结构

2019 年，缅甸食用豆的总产量为 689 万吨，其中普通菜豆的产量为 585 万吨，占总产量的 85%，2019 年，缅甸普通菜豆中出口量最大的是绿豆，缅甸绿豆出口量占世界绿豆总出口量的 60%，是世界第一大绿豆出口国。缅甸鹰嘴豆的产量为 50 万吨（占 7%），木豆产量为 35 万吨（占 5%），干豇豆、干豌豆和干扁豆的产量较少，分别为 11 万吨、9 万吨和 0.07 万吨（图 10-23）。

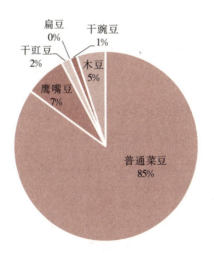

数据来源：联合国粮农组织

图 10-23　2019 年缅甸食用豆的生产结构

2. 种植情况

缅甸的菜豆种植总体上保持上升趋势，播种面积由 2010 年的 271 万公顷上升到 2019 年的 320 万公顷, 年均增长 1.87%, 总产量从 2010 年的 353 万吨上升至 2019 年的 585 万吨, 增产较为显著, 年均增长 5.77%, 单产水平稳定上升, 年均增长 3.83% (表 10-11)。

表 10-11 2010—2019 年缅甸主要食用豆的种植面积、产量和总产量

年份	普通菜豆		
	播种面积（公顷）	单产（吨/公顷）	总产量（吨）
2010	2 710 000	1.30	3 530 000
2011	2 712 000	1.38	3 750 000
2012	2 797 865	1.43	4 000 539
2013	3 012 931	1.46	4 400 304
2014	3 135 067	1.51	4 731 232
2015	3 070 053	1.58	4 844 747
2016	3 085 881	1.65	5 084 012
2017	3 126 983	1.71	5 338 216
2018	3 165 311	1.77	5 592 419
2019	3 201 135	1.83	5 846 622

数据来源：联合国粮农组织

3. 贸易情况

缅甸是世界第二大食用豆出口国和第三大食用豆生产国, 总体上看, 缅甸的出口额整体呈上升趋势, 年均增长 2.7%, 峰值出现在 2012 年, 出口额达到 1 484 874 千美元。缅甸的食用豆出口结构中绿豆的出口额占比大多时候都在 80% 左右, 并在 2020 年达到峰值, 绿豆的出口额为 1 019 331 千美元, 占总出口额的 88.40%。绿豆的主要向中国、新加坡、印度尼西亚、菲律宾、阿联酋和欧盟国家等出口, 2019—2020 年度, 超过 60% 的绿豆被出口到中国（图 10-24）。

缅甸的前五大食用豆出口目的国为印度、中国、新加坡、印度尼西亚和巴基斯坦。缅甸豆类出口一般都是经过正规渠道, 但根据进口国的情况, 会分为官方和非官方两种。非官方贸易是沿边境进行的, 主要运到印度、泰国、孟加拉国和中国等国。官方交易则是和印度、马来西亚、新加坡、印度尼西亚、巴基斯坦和欧盟国家等。2018—2020 年的出口额增长主要是来自印度和中国的需求增加（图 10-25）。

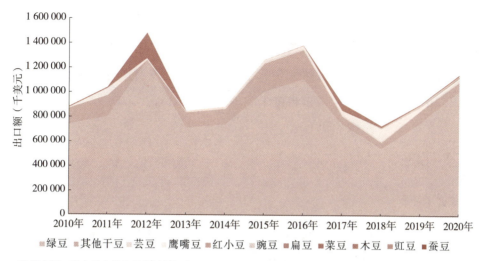

数据来源：联合国商品贸易统计数据库

图 10-24　2010—2020 年缅甸食用豆出口结构（千美元）

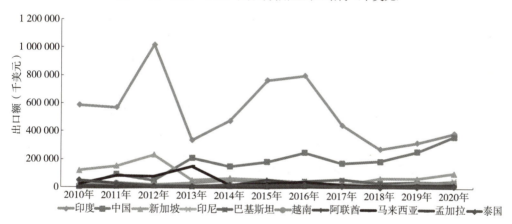

数据来源：联合国商品贸易统计数据库

图 10-25　2010—2020 年缅甸食用豆主要出口国以及出口额（千美元）

4. 产业经验

为应对印度对豆类进口限额政策的多变所导致的食用豆出口不畅，缅甸政府于 2017 年 9 月 15 日起暂停了豆类的进口，为大量的食用豆货品提供调节空间，不过基于国内的需求，在与政府协商后仍要进口少量的黄豌豆。在国内政策上，缅甸以每英亩①10 万缅元（约合 71 美元）的价格向豆类种植者提供农场贷款（上限为 10 英亩）。2020 年，由于新冠疫情，政府将农业贷款利率从 8％降到了 5％。

① 英亩，非法定计量单位，1 英亩≈4 046.9 平方米。——编者注

种植豆类的农民还可以从其他渠道申请农业贷款，如非政府组织和小额贷款发放机构，但豆类的出口需要商务部颁发的出口许可证方可进行贸易。2020—2021年度，受到缅甸政变的影响，虽然缅甸军方表示将维持现有政策，并继续鼓励农业和畜牧业，但是货物贸易在一定程度上将继续受到阻碍。

（二）印度

1. 生产结构

印度具有农业种植的天然优势，食用豆种植品种多样，是世界上最大的食用豆生产国，2019年，其食用豆产量占世界食用豆总产量的36%。

印度种植的食用豆品种主要包括鹰嘴豆、普通菜豆、木豆、扁豆、豌豆和少量的其他干豆。2019年，印度食用豆的总产量达到了2 151万吨，比2010年增加了427万吨。鹰嘴豆在印度的食用豆生产占比为46%，2019年其产量为994万吨。普通菜豆的产量为531万吨，占其国内食用豆总产量的25%；木豆产量为332万吨，占其国内食用豆总产量的15%；扁豆产量为123万吨，占其国内食用豆总共产量的6%；干豌豆的产量为81万吨，占其国内总产量的4%，其他干豆的产量较少，如红腰豆和眉豆等（图10-26）。

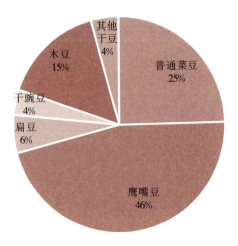

数据来源：联合国粮农组织

图10-26　2019年印度食用豆的生产结构

2. 种植情况

鹰嘴豆和普通菜豆作为印度种植最为广泛的豆种，从播种面积和产量上看都呈缓慢增长状态。

鹰嘴豆的种植面积从 2010 年的 817 万公顷上升到 2019 年的 955 万公顷，年均增长 1.75%，其总产量从 2010 年的 748 万吨上升到 2019 年的 993 万吨，年均增长了 3.21%。其种植面积和总产量的峰值皆出现在 2018 年，达到千万级别，单产水平也有较好反映，年均增长 1.44%。

普通菜豆的单产水平维持在较低水平，从 2010 年的 0.44 减少到 2019 年的 0.42，年均减少 0.67%。普通菜豆的种植面积和总产量反而呈正增长，种植面积年均增长 1.6%，总产量年均增长 0.92%（表 10-12）。

表 10-12　2010—2019 年印度主要食用豆的种植面积、产量和总产量

年份	鹰嘴豆			普通菜豆		
	播种面积 （公顷）	单产 （吨/公顷）	总产量 （吨）	播种面积 （公顷）	单产 （吨/公顷）	总产量 （吨）
2010	8 170 000	0.92	7 480 000	11 000 000	0.44	4 890 000
2011	9 190 000	0.89	8 220 000	11 000 000	0.39	4 330 000
2012	8 320 000	0.93	7 700 000	9 100 000	0.41	3 760 000
2013	8 522 000	1.04	8 832 500	9 100 000	0.44	4 020 000
2014	9 927 000	0.96	9 530 000	10 000 000	0.42	4 230 000
2015	8 251 000	0.89	7 332 000	10 289 384	0.41	4 260 000
2016	8 399 000	0.84	7 058 000	14 191 848	0.42	5 890 000
2017	9 626 160	0.97	9 377 560	15 213 726	0.42	6 340 000
2018	10 560 430	1.08	11 379 190	14 895 604	0.42	6 220 000
2019	9 547 030	1.04	9 937 990	12 690 696	0.42	5 310 000

数据来源：联合国粮农组织

3. 贸易情况

豆类是大多数印度人，尤其是素食者（约占印度人口的三分之一）的主要蛋白质来源，有着庞大的市场需求。因此，印度作为世界第一大食用豆生产国的同时，2010—2020 年，印度平均每年仍需要进口约 2 433 084 千美元的食用豆以满

足国内的需求缺口。

在印度对食用豆贸易进行政策干预前，2016年，印度的食用豆进口额达到了峰值，主要是以扁豆（占2016年印度食用豆总进口额的15.21%）、绿豆（占17.70%）、木豆（占15.34%）、鹰嘴豆（占17.13%）和豌豆（29.17%）为主。

2016年到2020年，扁豆进口年均减少了1.26%；绿豆进口年均减少了17.86%；木豆进口年均减少了16.22%；鹰嘴豆进口年均减少了32.32%，豌豆进口年均减少了60.70%，整体减少了20.95%。

截至2020年，印度的食用豆进口前五大国为加拿大、缅甸、莫桑比克、坦桑尼亚和澳大利亚。其中受到印度进口政策调控影响最大的国家主要是澳大利亚、加拿大和缅甸。

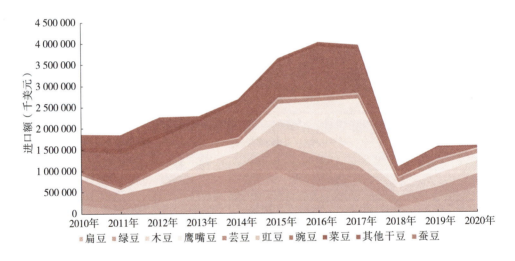

数据来源：联合国商品贸易统计数据库

图10-27　2010—2020年印度食用豆进口结构（千美元）

4. 产业经验

印度的农业是由中央政府和各邦政府联合经营的，中央政府设定了25种商品的最低支持价格（Minimum Support Prices，简称MSP，指在供应过剩的情况下，通过向农民保证其产品的最低价格，防止豆类价格下跌），其中包括5种不同的豆类，并会定期采购用于公共分配系统（Public Distribution System，简称PDS）的商品，以满足国内贫困人口的需求。

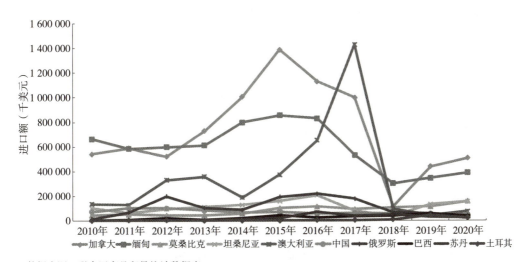

数据来源：联合国商品贸易统计数据库

图 10-28　2010—2020 年印度食用豆主要进口国以及进口额（千美元）

　　为满足国内巨大的食用豆需求，印度政府采取各类措施以提高产量，例如鼓励农民从事豆类耕作、引进高产杂交豆种、引进并采用高产技术、提高机械化和优化粮食储存设施等。此外，耐旱豆种的引进显著减少了农民的生产成本，因为在印度，近 90％的豆类种植区都依靠自然降雨进行种植，引进耐旱豆种减少了农民受干旱天气所造成的损失。另一方面，印度政府生物技术部门的作物加速改良计划（Accelerated Crop Improvement Program，简称 ACIP）正在进行一系列育种计划，包括分子标记辅助回交（marker-assisted back-crossing，简称 MABC），该计划将抗旱性引入豆类高产品种。

　　印度还有一个全国农民服务热线，会用当地语言回答农民提出的问题，印度政府还以支持农民生产、维护自给自足和保护粮食安全的名义，利用各种政策手段来管理国内食用豆市场。为了维护国内豆类市场，印度目前仍在实施政治化的出口控制、MSP、出口补贴和限制性的进口——包括进口配额和关税调整。但是在"看得见的手"的强硬干预下，加之国内薄弱的豆类市场情况（主要是受季风降雨和天气条件的影响），使得印度国内和国际的食用豆市场都十分动荡。

　　而在食用豆的出口政策上，2017 年 11 月 22 日，印度商务部通知改变豆类的出口政策，即所有品种的豆类，包括有机豆类都可以自由出口，且没有任何数量上限，直到进一步通知。在此之前，除卡布利鹰嘴豆（kabuli chickpeas）外，其他豆类都有出口禁令（配额）。2018 年 4 月，印度外贸总局根据印度商品出口计划（Merchandise Exports from India Scheme，简称 MEIS）对鹰嘴豆实行 7%（产品的离岸价值）的出口补贴，为期 3 个月。MEIS 是由印度商业和工业部（Indian Ministry of Commerce and Industry，简称 MOCI）实施的一项重要的出口促进计划，旨在促进在印度制造和生产的通知商品的出口。它涵盖了 850 多个税目，包括水果、蔬菜、乳制品、油餐、草药产品、纸张和纸板产品。

参考文献

白宏，2003. 中国主要农产品的国际竞争力研究. 中国农业大学博士学位论文［D］.

郭永田，2014. 我国食用豆国际贸易形势、国际竞争力优势研究［J］. 农业技术经济，(08)：69-74.

郭永田，张蕙杰，2015. 中国食用豆产业发展研究［M］. 北京：中国农业出版社.

黄静波，赖伟娟，2004. 广东省出口产业比较优势分析［J］. 国际贸易问题，(01)：61-67.

第十一章

·Chapter 11·

我国食用豆产业的发展趋势和前景

一、食用豆作为特色产业，其促进农业供给侧结构改革、推动区域经济增长的显著作用将会得到增强

改革开放以来，随着我国农业政策的不断变化和供给侧结构改革等政策调整，我国食用豆生产先后经历了波动性增长（20世纪90年代到2002年）、波动性下降（2002—2015年）、缓慢回升（2016—2020年）三个发展阶段。当前，我国食用豆生产优势区大力发展，食用豆主产区呈现出由东、中部向中、西部地区集中的趋势，我国粮食主产区的食用豆生产也呈现出由东部向西部倾斜的趋势，随着农业供给侧结构改革力度的不断加大，国家对食用豆等杂粮杂豆产业的发展日益重视，作为农业供给侧结构改革的重要支撑产业之一，食用豆产业以其独特的粮、菜、饲、肥兼用价值，具有广阔的发展潜力和前景。具体表现为以下两点。

（一）坚持用养结合的种植和耕作制度是实现我国农业生态、绿色、可持续发展的必由之路

尽管食用豆产业在我国粮食生产中所占比例较小，但因其极强的生产适应性、有效的固氮养地功能等特征，有助于维持和提升耕地地力质量，是我国农业种植制度中不可替代的重要组成部分，对于促进农业供给侧结构改革、推动农业绿色发展具有重要的积极意义。

（二）对巩固脱贫攻坚成果及其与乡村振兴战略有效衔接具有重要意义

在许多贫困地区、特别是老少边穷地区，食用豆产业是地方特色产业，在助推精准扶贫和培育产业经营主体方面发挥了突出作用，对于推动区域农业提质增

效、保障农民增产增收、巩固脱贫攻坚成果及其与乡村振兴战略有效衔接具有重要意义。尤其作为地方特色产业，食用豆在解决老少边穷地区粮食安全问题，保障贫困地区农民脱贫致富、助力乡村振兴等方面发挥着不可替代的重要作用。

二、食用豆产业科技创新水平将持续增强，生产规模化、机械化、集约化水平将进一步提升

科技创新是推动产业发展的第一动力，加强对食用豆种质创新、品种选育、高效栽培、产后加工等基础研究对提升食用豆产业科技创新水平、促进产业提质增效具有重要意义。2008年以来，在国家现代食用豆产业技术体系的持续稳定支撑下，食用豆产业在遗传育种、高效栽培技术、病虫害绿色防控、机械化生产技术等领域的科技创新研究与示范推广取得突破性发展，显著促进了食用豆生产能力的提高和食用豆产业的发展。

随着食用豆产业链技术体系的不断发展完善，中国将不断加大对食用豆优质、高产、适宜机械化生产等新品种选育与示范，高效、轻简机械化生产配套技术研发与应用、病虫害绿色防控技术集成与示范等全产业链关键技术领域的基础研究和科技攻关力度，食用豆产业的科技创新水平将进一步提升。预计"十四五"期间乃至此后较长时段，按照"区域化布局，多元化发展"的总体要求，通过逐步构建政、产、学、研、用五位一体的产业化发展模式，紧密围绕产业发展需求，科技创新对推动食用豆产业的支撑引擎作用将更加凸显：随着食用豆基础研究的进一步加强，绿豆、芸豆、蚕豆、豌豆、小豆等单产水平将会有较大幅度的提高，基本实现食用豆产业全程机械化，食用豆生产规模化、集约化、标准化程度将得到显著提升，食用豆生产效益大幅提高。

三、食用豆的市场需求将不断加大，品牌意识将不断增强，安全绿色生产水平将进一步提升

食用豆独特的营养价值和保健功效对于我国大健康战略具有积极作用。早期食用豆消费主要是作为解决温饱问题的粮食作物之一，但由于其具有粮、菜、饲、肥兼用价值，随着我国经济发展水平的不断提高，人们健康消费观念不断增强，由追求吃饱转向吃好，食用豆具有独特的营养价值和保健功效，市场消费需求将会持续旺盛。目前，食用豆生产上多元多熟等多种生产栽培模式共存，鲜食蚕豆、豌豆等种植面积已经表现出增加的趋势，食用豆加工出口数量迅速增长；在国际贸易、鲜食蔬菜产业、优质饲草（料）产业、绿肥或生物固氮等中国现代农业经济和产业转型绿色发展领域，食用豆也有着良好的发展前景。

此外，随着食用豆市场需求的日益旺盛以及人们对农产品质量安全问题的不断重视，消费市场对于食用豆绿色、安全、标准化生产加工的需求也进一步提高，因此，绿色化、优质化、特色化、品牌化也将成为食用豆产业发展方向的必然趋势。未来一段时间，食用豆加工业生产技术将快速升级换代，向规模化现代化方向迈进。随着营养健康导向的产后加工技术水平和能力提升，中国食用豆生产将走上面向健康生活需求导向的规模化、绿色化、特色化、品牌化的高质量发展道路。

四、食用豆产业发展政策将进一步完善，食用豆产业竞争力将会得到恢复和提升

近三年来，随着农业供给侧结构改革力度的不断加大，国家对食用豆等杂粮杂豆特色产业的发展日益重视，有些地方政府给予了食用豆生产补贴政策，为食

用豆产业的发展创造了良好条件，食用豆生产效益有所提高，食用豆生产已成为非粮食主产区农民增收和防范市场风险的重要农产品。

纵观国内外食用豆产业发展现状，中国食用豆产业也面临着日益激烈的国际竞争和挑战。研究表明，我国已从食用豆净出口国转变成净进口国，进出口产品结构差异较大，国际贸易竞争优势呈逐年下降态势，进口市场集中率较高，出口市场集中率逐年增加。具体看，2010—2020年我国主要食用豆出口量显著下降，食用豆出口规模逐年缩减，豌豆有着270万吨左右的年进口规模，促使我国自2013年起从食用豆出口大国转为进口大国。从品种上看，虽然我国在红小豆、绿豆仍有一定的比较优势，但是国际竞争力在下降，食用豆劳动生产率、技术效率远低于美国、加拿大等发达国家，也低于缅甸等发展中国家。

作为食用豆生产大国和消费大国，我国在食用豆劳动生产率、土地产出率和投入产出率等方面具有较大的潜力。为了提高食用豆比较效益、积极应对国际市场冲击，避免再次由于国外食用豆产业的迅猛发展给中国食用豆产业带来冲击的教训，我们要积极借鉴加拿大、美国等食用豆产业发达国家的发展经验，加快构建我国科学、完善的食用豆全产业链政策体系，利用"一带一路"倡议提供的历史性契机，加强中国同"一带一路"沿线国家的食用豆产业合作，从加快食用豆优势区域建设、提升单产和提高品质为主攻方向、加强深加工技术研发和推广等方面入手，构建起稳定的国内外食用豆市场网络，在推动食用豆产业科技创新和产业发展方面采取积极措施，整体提升食用豆全产业链发展水平，提升完善产业发展支撑保障和设施条件，促进食用豆产业双循环，提高中国食用豆产业的国际竞争力和抗风险能力。

参考文献

彩黎干，张蕙杰，辛翔飞，2019. 世界蚕豆供需格局变动及趋势分析［J］. 中国食物与营养，（09）：50-54.

郭永田，2014. 中国食用豆产业的经济分析食用豆国际贸易形势、国际竞争力优势研究［J］. 农业技术经济，（08）：69-74.

钱静斐，张蕙杰，2021. 中国食用豆贸易演变特征及现状分析［J］. 中国食物与营养，27（02）：20-25.

王腾坤，张蕙杰，周俊玲，2018. 中国食用豆出口贸易结构分析及展望 [J]. 农业展望，14（09）：90-94.

周俊玲，张蕙杰，2018. 世界食用豆主要出口国国际竞争力的比较分析 [J]. 中国食物与营养，24（10）：46-50.

图书在版编目（CIP）数据

中国食用豆产业与发展／张蕙杰等著．—北京：中国农业出版社，2021.12
ISBN 978-7-109-27730-4

Ⅰ.①中… Ⅱ.①张… Ⅲ.①豆类作物－产业发展－研究－中国 Ⅳ.①F326.11

中国版本图书馆 CIP 数据核字（2021）第 261924 号

中国农业出版社出版

地址：北京市朝阳区麦子店街 18 号楼
邮编：100125
策划编辑：王庆宁
责任编辑：李　梅
版式设计：杜　然　责任校对：刘丽香
印刷：北京通州皇家印刷厂
版次：2021 年 12 月第 1 版
印次：2021 年 12 月北京第 1 次印刷
发行：新华书店北京发行所
开本：787mm×1092mm　1/16
印张：13.75
字数：360 千字
定价：88.00 元